जीवन क्रांति

कबीर-वाणी और झेन, सूफी तथा उपनिषद की बोध कथाओं पर
ओशो द्वारा दिए गए अमृत प्रवचनों का संकलन

ओशो

जीवन क्रांति

डायमंड पाकेट बुक्स

ISBN : 978-81-288-0213-2

संयोजन	:	स्वामी आनंद प्रेम/स्वामी योग अमित
संकलन	:	मा योग शुक्ला/स्वामी सुरेन्द्र सरस्वती
प्रोडक्शन	:	स्वामी प्रेम असंग/स्वामी सत्यम विभव
प्रकाशक	:	**डायमंड पॉकेट बुक्स (प्रा.) लि.** X-30, ओखला इंडस्ट्रियल एरिया, फेज-II नई दिल्ली-110020
फोन	:	011-41611861
फैक्स	:	011-41611866
ई-मेल	:	sales@dpb.in
वेबसाइट	:	www.dpb.in
संस्करण	:	2008

अंतर्सूत्र

ओशो परम कल्याण-मित्र हैं, अस्तित्व का माधुर्य हैं।
उनकी करुणा का सहारा पाकर मानवता धन्य हुई है।

ओशो जिनका न कभी जन्म हुआ, न कभी मृत्यु,
जो इस पृथ्वी ग्रह पर
11 दिसम्बर 1931 से 19 जनवरी 1990 तक
केवल एक आगंतुक रहे।

प्रस्तुत प्रवचन सम्मुख-उपस्थित श्रोताओं के प्रति
ओशो के सहज प्रतिसंवेदन हैं, जिनका मूल्य शाश्वत
व संबंध मानव-मानव से है।

1

अहंकार के तीन रूप—शिकायत, उदासी और प्रसन्नता

एक बार राबिया बीमार थी।

सहानुभूति में दो फकीर देखने आये। एक थे हसन और दूसरे मलिक।

हसन ने कहा : 'राबिया, अल्लाह जो भी सजा दे, फकीर को कोई शिकायत नहीं होती। वह उसे चुपचाप सह लेता है।'

फिर मलिक बोले : 'राबिया, फकीर शिकायत तो मानता ही नहीं, बल्कि मिले हुए दंड में भी खुशी मानता है।'

राबिया थोड़ी देर चुप रही।

फिर वह बोली : 'मुझे माफ करना; लेकिन जब से मैंने खुदा को जाना है, तब से मुझे दंड जैसी कोई प्रतीति नहीं होती। तो फिर कैसी शिकायत? क्या सहना? और किसकी खुशी?'

ओशो, तीन फकीरों की इस परिचर्चा पर प्रकाश डालने की कृपा करें।

राबिया उन थोड़ी-सी अत्यल्प, अंगुलियों पर गिनी जा सकें, ऐसी थोड़ी-सी स्त्रियों में एक है—जो बुद्धत्व को उपलब्ध हुई। पुरुषों में बड़ी संख्या है—बुद्धत्व को पाने वाले लोगों की। स्त्रियों में वैसी बड़ी संख्या नहीं है। इसलिए राबिया का उठना-बैठना, उसका बोलना-कहना—सब मूल्यवान है। और यह छोटी-सी चर्चा उसके बुद्धत्व की खबर देती है।

फ़कीरी के तीन तल हैं; फकीरी के तीन मुकाम हैं। पहले तो हम साधारण आदमी को समझ लें, फिर इन तीन स्थितियों को समझ लेंगे। इस कहानी में ये तीन फकीर तीन स्थितियों के फकीर हैं। साधारण आदमी की स्थिति क्या है, मनोदशा क्या है?

साधारण आदमी—जब उसके जीवन में दुख आता है, तब शिकायत करता है। सुख आता है, तब धन्यवाद नहीं देता। जब दुख आता है, तब वह कहता है कि 'कहीं कुछ भूल हो रही है। परमात्मा नाराज है। भाग्य विपरीत है।' और जब सुख आता है, तब वह कहता है कि 'यह मेरी विजय है।'

मुल्ला नसरुद्दीन एक प्रदर्शनी में गया—अपने विद्यार्थियों को साथ लेकर। उस प्रदर्शनी में एक जुए का खेल चल रहा था। लोग तीर चला रहे थे धनुष से और एक निशाने पर चोट मार रहे थे। निशाने पर चोट लग जाये तो जितना दांव पर लगाते थे, उससे दस गुना उन्हें मिल जाता था। निशाने पर चोट न लगे, तो जो उन्होंने दांव पर लगाया, वह खो जाता।

नसरुद्दीन अपने विद्यार्थियों के साथ पहुंचा; उसने अपनी टोपी सम्हाली; धनुष-बाण उठाया; दांव लगाया। और पहला तीर छोड़ा। तीर पहुंचा ही नहीं—निशान तक। लगने की बात दूर, वह कोई दस-पंद्रह फीट पहले गिर गया। लोग हंसने लगे। नसरुद्दीन ने अपने विद्यार्थियों से कहा, 'इन नासमझों की हंसी की फिक्र मत करो। अब तुम्हें समझाता हूं कि तीर क्यों गिरा।' लोग भी चौंककर खड़े हो गये। वह जो जुआ खिलाने वाला था, वह भी चौंककर रह गया। बात ही भूल गया। नसरुद्दीन ने कहा, 'देखो, यह उस सिपाही का तीर है, जिसको आत्मा पर

भरोसा नहीं—जिसको आत्म-विश्वास नहीं। वह पहुंचता ही नहीं है—लक्ष्य तक; पहले ही गिर जाता है। अब तुम दूसरा तीर देखो।'

सभी लोग उत्सुक हो गये। उसने दूसरा तीर प्रत्यंचा पर रखा और तेजी से चलाया। वह तीर निशान से बहुत आगे गया। इस बार लोग हंसे नहीं। नसरुद्दीन ने कहा, 'देखो, यह उस आदमी का तीर है, जो जरूरत से ज्यादा आत्मविश्वास से भरा हुआ है।' और तब उसने तीसरा तीर उठाया और संयोग की बात कि वह जाकर निशान से लग गया। नसरुद्दीन ने जाकर अपना दांव उठाया और कहा, 'दस गुने रुपये दो।' भीड़ में थोड़ी फुसफुसाहट हुई और लोगों ने पूछा, 'और यह किसका तीर है?' नसरुद्दीन ने कहा, 'यह मेरा तीर है। पहला तीर उस सिपाही का था, जिसको आत्म-विश्वास नहीं है। दूसरा, उस सिपाही का था, जिसको ज्यादा आत्म-विश्वास है। और तीसरा—जो लग गया, वह मेरा तीर है।'

यही साधारण मनोदशा है। जब तीर लग जाये, तो तुम्हारा; चूक जाये, तो कोई और जिम्मेवार है। और जब तुम किसी को जिम्मेवार न खोज सको, तो परमात्मा जिम्मेवार है! जब तक तुम दृश्य जगत में किसी को जिम्मेवार खोज लेते हो, तब तक अपने दुख उस पर डाल देते हो। अगर दृश्य जगत में तुम्हें कोई जिम्मेवार न दिखाई पड़े तब भी तुम जिम्मेवारी अपने कंधे पर तो नहीं ले सकते; तब परमात्मा तुम्हारे काम आता है। वह तुम्हारे बोझ को, दुख को अपने कंधे पर ढोता है।

तुमने परमात्मा को अपने दुखों से ढांक दिया है। अगर वह दिखाई नहीं पड़ता है, तो हो सकता है, सबने मिलकर इतने दुख उस पर ढांक दिये हैं कि वह ढंक गया है; और उसे खोजना मुश्किल है।

हम शिकायत तो करते हैं—साधारण जन धन्यवाद कभी नहीं देते। सुख से अपने अहंकार को भर लेते हैं; दुख में परमात्मा से शिकायत कर देते हैं।

यह साधारण सांसारिक व्यक्ति की दशा है। इससे ऊपर उठी दशा फकीर की है, उस संन्यासी की है, जो दुख को स्वीकार कर लेता है; शिकायत नहीं करता। लेकिन स्वीकार में भी दुख तो दुख ही है। बे-मन से ही तुमने स्वीकार किया है; तुम किसी अहोभाव से नहीं भर गये हो। चाहते तो तुम थे कि यह न होता, लेकिन हुआ तो ठीक; जैसी परमात्मा की मर्जी। लेकिन विवशता है, मजबूरी है। तुम्हारे हृदय से कोई अहोभाव नहीं उठ रहा है। तुमने ऊपर से शिकायत नहीं की है, भीतर शिकायत दबी पड़ी है।

तुम कितना ही कहो कि 'मेरी कोई शिकायत नहीं है' लेकिन तुम्हारी आंखें, तुम्हारा व्यक्तित्व—सब कहेगा कि 'शिकायत है।' तुम यह कह रहे हो 'चीज तो बुरी है; न होती तो अच्छा था। अब हो गयी है, तो हम स्वीकार करते हैं।' लेकिन यह स्वीकार अधूरा है; ऊपर-ऊपर है। भीतर गहरे में इसका कोई अस्तित्व नहीं है। और अगर तुम झांकोगे, तो तुम पाओगे कि भीतर कहीं इनकार है। उस इनकार को दबाने के लिए ही तुमने स्वीकार का उपयोग किया है। क्योंकि जब स्वीकार होता है, तो जीवन का फूल खिलता है। जब स्वीकार होता है—बिना इनकार के, तो तुम उस जगह पहुंच गये, जिसके आगे जाने को कोई जगह ही नहीं।

इसलिए फकीरों को तुम नाराज तो न देखोगे, लेकिन उदास देखोगे। मुनियों को, साधुओं को तुम नाराज तो न देखोगे, लेकिन हताश देखोगे। नाराजगी सांसारिक आदमी का लक्षण है—वह शिकायत कर रहा है। उसकी जो उदासी है, वह परमात्मा पर फेंक रहा है।

फकीर ने, संन्यासी ने यह काम बंद कर दिया। वह उदासी को परमात्मा पर नहीं फेंकता। वह राजी है कि ठीक है, लेकिन प्रसन्न नहीं है। न होता तो अच्छा था; हो गया तो राजी है। भीतर अस्वीकार है—बहुत गहरे में शिकायत है। ऊपर से आवरण है कि 'मेरी कोई शिकायत नहीं'।

असल में जब तुम कहते हो कि 'मेरी कोई शिकायत नहीं' तो तुमने शिका यत कर दी। अन्यथा तुम कहते क्यों? अगर सच में ही कोई शिकायत न थी, तो 'शिकायत नहीं है मेरी कोई'—यह बात भी क्यों उठती? शिकायत हो गई। जब तुम किसी से कहते हो : 'मैं नाराज नहीं हूं' तो तुम अगर सच में ही नाराज नहीं थे, तो यह बात क्यों उठती? यह तुमने कहा क्यों होता? कहने में तुमने नाराजगी ही जाहिर की है। लेकिन यह जाहिर करना अब सूक्ष्म है।

सांसारिक आदमी की नाराजगी स्थूल है; तुम्हारी नाराजगी सूक्ष्म है। सांसारिक आदमी इतना कुशल नहीं है, तुम ज्यादा कुशल हो। लेकिन परमात्मा की आंखों को धोखा देना तो इतना आसान न होगा। वह तुम्हारे भीतर छिपी हुई शिकायत को भी देख रहा है। तुम उसे कितने वस्त्रों में ओढ़ लो और तुम कितने ही सुंदर आभूषणों में सजा लो, तो भी इतना हो सकता है कि शिकायत नाराजगी न बने; लेकिन वह प्रसन्नता कभी नहीं बन सकती। और जब तक जीवन प्रसन्नता न हो, जब तक एक उत्फुल्लता का प्रवाह न हो, जब तक तुम नाच ही न उठो—तब तक कैसी फकीरी!

तब तक कैसा संन्यास !

दूसरी स्थिति है : जब शिकायत के लिए प्रसन्नता है; जब शिकायत के लिए धन्यवाद है; जब दंड भी मिलता है, तो तुम पुरस्कार समझते हो। और जब परमात्मा तुम्हें गिराता भी है गड्ढों में, तो तुम बहुत गहरे में जानते हो कि उठाने के लिए ही उसने गिराया। तुम्हारी नजर उठाने पर रहती है। 'उसने कुछ सिखाने के लिए ही मिटाया है। उसकी अनुकंपा है कि उसने तुम्हें चुना—गिराने के लिए। तुम पर उसका ध्यान है। उसने तुम्हें दुख दिया, तो तुम्हें ध्यान दिया; उसने तुम्हारी तरफ नजर की।'

उसकी तरफ से आया हुआ दुख भी सौभाग्य है। तब अभिशाप वरदान बन जा ते हैं; तब जीवन में एक प्रसन्नता आती है।

पहली घड़ी है : नाराजगी की। दूसरी घड़ी है : उदासी की। तीसरी घड़ी है : प्रसन्नता की—कि तुम अहोभाव से भरते हो। एक अनुग्रह है—तुम्हारे भीतर कि 'तूने मुझे दुख दिया; मेरी तरफ नजर की। मुझे इस योग्य माना कि दुख दे। मुझे बदलने योग्य समझा—मुझे काटने, निखारने योग्य समझा । मुझे पीड़ा दी ताकि मैं निखर के निकल सकूं; जैसे सोना निखरता है आग से। तूने आग फेंकी, ताकि कचरा जल जाये और मेरा स्वर्ण प्रकट हो जाये।' एक प्रसन्नता है।

ऐसा फकीर तुम्हें नाचता हुआ मिलेगा। तुम उसे दुख में न पा सकोगे। उसे दुख देने का कोई उपाय ही नहीं है। क्योंकि वह दुख को भी सुख में बदलने की कीमिया जानता है। अनुग्रह का भाव वह कीमिया है, वह जादू है, जिससे दुख सुख बन जाता है; अभिशाप वरदान हो जाते हैं, मृत्यु जीवन जैसी मालूम पड़ती है और अंधकार रोशन हो जाता है।

यह दूसरी स्थिति है; लेकिन यह अंतिम स्थिति नहीं है। क्योंकि जब तुम शिकायत में भी प्रसन्न होते हो, तब भी तुमने शिकायत तो स्वीकार कर ली।

पहला आदमी नाराज हुआ, दूसरा आदमी उदास हुआ, तुम प्रसन्न हुए; प्रतिक्रिया हो गई। माना कि तुम्हारी प्रतिक्रिया प्रसन्नता की है और पहले आदमी की प्रतिक्रिया नारा जगी की थी और दूसरे आदमी की प्रतिक्रिया उदासी की थी। लेकिन एक बात तीनों में है कि तुम तीनों ने 'रिएक्ट' किया, प्रतिक्रिया की; तुमने कुछ किया। तुम्हारे करने में ही भूल है। चोट तो लगी है; एक नाराज हो गया है; एक उदास हो गया है। एक ने चोट पर फूल रख लिए हैं; उसने चोट को ढांक लिया। लेकिन ढांक तुम क्या रहे हो ! तुम्हारी प्रसन्नता के पीछे क्या छिपा है? तुम किस बात का धन्यवाद

दे रहे हो? अगर शिकायत ही न उठी थी, तो धन्यवाद कैसा !

सब धन्यवाद शिकायत का ही शीर्षासन करता हुआ रूप है। जब तुम धन्यवाद देते हो, तब तुम यही कह रहे हो कि 'तेरी बड़ी कृपा है।' लेकिन अगर अकृपा मालूम नहीं पड़ी, तो कृपा कैसे मालूम पड़ेगी। और उसकी तरफ से आती हुई चोट नहीं दिखाई पड़ी, तुम उसे सुख में कैसे बदलोगे? माना कि अनुग्रह का भाव दुख को सुख में बदल देता है, अभिशाप को वरदान बना देता है; लेकिन इस कीमिया का उपयोग तो तुम तब भी करोगे, जब अभिशाप दिखाई पड़ जाये। फिर तुम उसे बदलोगे वरदान में। दुख पकड़ में आ जाये, फिर तुम उसे सुख में बदलोगे। लेकिन पहली चोट दुख की हो गई। माना कि तुमने उसे बदला और तुम बड़े कारीगर हो, और तुम्हारे पास एक महामंत्र है। तुम्हारे जीवन में दुख न आयेगा। तुम्हें कोई दुखी न कर सकेगा। तुम प्रसन्न रहोगे—नाचते रहोगे। । लेकिन तुम्हारे नाच, तुम्हारे पैरों में बंधे हुए घुंघरू से भी—अंतिम अवस्था का आदमी जानता है—शिकायत का स्वर उठ रहा है। अन्यथा तुम नाचोगे क्यों?

जिसने शिकायत ही नहीं की, वह धन्यवाद भी नहीं दे सकता। वह चौथी दशा है—वह बुद्धत्व की दशा है। वहां बुद्ध प्रतिक्रिया ही नहीं करते। न नाराज हैं, नाराजगी का अर्थ है : आक्रमण। न उदास हैं, उदासी का अर्थ है : अनाक्रमण। न वे प्रसन्न हैं; क्योंकि प्रसन्न व्यक्ति फिर आक्रमक हो गया। उदासी मध्य में है। एक तरफ— नकारात्मक उदासी है, जो नाराजगी बनती है; शिकायत बनती है। एक तरफ—विधायक स्थिति है, जिसको कि हम प्रसन्नता बना देते हैं। फिर बुद्धत्व है—जो दोनों से शून्य है।

बुद्ध को किसी ने नाचते नहीं देखा। बुद्ध को किसी ने प्रसन्न भी नहीं देखा; उदास भी नहीं देखा—न कभी दुखी, न कभी सुखी; न कभी हंसते हुए, न कभी रोते हुए। बुद्ध को लोगों ने ऐसे देखा, जैसे वे हों ही न। क्योंकि जब तुम मिट जाओगे, तो कौन प्रतिक्रिया करेगा ! कौन धन्यवाद देगा?

इन तीनों स्थितियों में एक बात समान है, वह है—प्रतिक्रिया—रिएक्शन। और तब तीनों के पीछे अहंकार मौजूद है। क्योंकि प्रतिक्रिया कौन करेगा? तुम मौजूद हो, अभी तुम मिटे नहीं। कभी तुम नाराज थे, तब भी तुम थे। कभी तुम उदास थे, तब भी तुम थे। कभी तुम प्रसन्न हो, तब भी तुम हो; अहंकार मौजूद है।

ये अहंकार की ही तीन दशाएं हैं। अभी निर-अहंकार फलित नहीं हुआ, अन्यथा

कौन रहेगा ! उस चौथी दशा की सूचक है।

अब हम इस कहानी को पढ़ें।

एक बार राबिया बीमार थी। सहानुभूति में दो फकीर उसे देखने आये; एक थे हसन और दूसरे मलिक। दोनों प्रसिद्ध सूफी फकीर हैं। हसन ने कहा : 'राबिया, अल्लाह जो भी सजा दे, फकीर को उससे कोई शिकायत नहीं होती। वह उसे चुपचाप सह लेता है।'

ये शब्द समझने जैसे हैं। क्योंकि हसन ने समझा होगा कि राबिया की बीमारी परमात्मा के द्वारा दिया गया कोई दंड है। तो हसन ने सांत्वना देने के लिए राबिया को कहा : 'राबिया, अल्लाह जो भी सजा दे...।' लेकिन बीमारी हसन को सजा मालूम पड़ती है ! यह हसन पहली दशा में है। यह सांसारिक तो नहीं रहा, संन्यासी हो गया है। लेकिन अभी संन्यासी पूरा नहीं हो पाया है; रास्ते पर है। अभी मंजिल नहीं आई है; अभी उसने पहला कदम ही उठाया है। और इसे पता भी नहीं है कि जिससे बात कर रहा है, वह मंजिल पर पहुंच गई है।

इसी हसन और राबिया के संबंध में एक घटना और है। हसन एक बार राबिया के घर मेहमान हुआ तो उसने सुबह ही कहा, 'कुरान कहां है? सुबह की प्रार्थना के बाद मैं सदा कुरान से कुछ पढ़ता हूं।' तो राबिया ने कहा, 'तुम ढूंढ़ो। कहीं न कहीं घर में होगा। हसन को हैरानी हुई, उसने कहा , 'कुरान ! और क्या इस तरह व्यवहार किया जाता है, कि कहीं न कहीं होगा ! और क्या तुम रोज कुरान नहीं पढ़ती हो, जो तुम्हें पता न हो कि कुरान कहां रखा है?' राबिया ने कहा, 'पढ़ लिया एक बार। समझ लिया एक बार। फिर दुबारा पढ़ने का तो अर्थ यह होता है कि पहली दफा समझ नहीं आया। फिर बात हो गई; फिर तब से कुरान नहीं पढ़ी हूं। तुम्हीं ने पूछा है, इसलिए कहती हूं कि होगा कहीं। था जरूर—इस घर में। अगर कोई ले न गया हो, तो जरूर कहीं पड़ा होगा।'

हसन को बड़ी पीड़ा हुई। उसने कहा, 'पड़ा होगा ! कुरान के लिए ऐसे शब्द।' और जब हसन ने ढूंढ़ा, तो निश्चित ही कुरान एक कोने में पड़ा था, उसमें बहुत दिन की धूल जम गई थी; किसी ने उसे छुआ भी नहीं था। उसने कुरान के ऊपर की धूल झाड़ी और कहा, 'राबिया, यह तो उचित नहीं है।' फिर उसने कुरान पढ़ा, तो और हैरान हुआ; क्योंकि कई जगह कुरान में राबिया ने कुछ पंक्तियां काट दी थीं। इससे बड़ा कुफ्र नहीं है। यह बड़े से बड़ा पाप है। कुरान में तरमीम—संशोधन? जैसे

मुहम्मद से कुछ भूलें हो गई हों ! उसने कहा, 'यह किस नासमझ ने कुरान म सुधार किये हैं? लकीरें कटी हैं !' राबिया ने कहा, 'वे मैंने ही किये हैं। क्योंकि जब मुझे कुरान समझ में आया, तो लगा कि ये वचन ठीक नहीं हैं। जब तक समझ में नहीं आ या था, तब तक सब ठीक था। क्योंकि लिखा है—इस वचन में कि 'शैतान को घृणा करो।' लेकिन जब से मैंने परमात्मा को जाना, तो घृणा असंभव हो गई। अब शैतान भी मेरे सामने खड़ा हो, तो घृणा करने का कोई उपाय नहीं है। अब तो शैतान खड़ा हो कि परमात्मा खड़ा हो, मैं तो प्रार्थना ही और प्रेम ही कर सकती हूं। इसलिए लकीर काट दी।'

हसन, कहते हैं, छोड़कर चला गया—उस कुरान को। उसने कहा, 'यह कुरान अपवित्र हो गया। सुधारा हुआ कुरान किसी ने सुना है ! और राबिया, तू भ्रष्ट हो गई है।'

पहली सीढ़ी पर खड़े हुए संन्यासी को, फकीर को अंतिम अवस्था का संन्यासी भ्रष्ट मालूम पड़ सकता है। क्योंकि जिसको वह बड़ी मुश्किल से साध रहा है, उसको यह आखिरी अवस्था का आदमी साधता ही नहीं। जिसके लिए वह चेष्टा कर रहा है, उसके लिए यह आखिरी अवस्था का आदमी चेष्टा ही नहीं करता।

जो नाच रहा है, वह अगर बुद्ध के पास जायेगा, तो वह यही सोचेगा कि शायद यह आदमी उदास बैठा है, इसलिए नाचता नहीं है। वह बुद्ध से कहेगा, 'उठो भी, नाचो भी, परमात्मा को धन्यवाद दो !' उसे पता नहीं आखिरी अवस्था में धन्यवाद खो जाते हैं, नाच खो जाते हैं।

एक बात समझ लें; उदासी के साथ ही प्रसन्नता जुड़ी है। जब उदासी खो जाती है, तब प्रसन्नता भी खो जाती है। वे एक ही सिक्के के दो पहलू हैं। जो आदमी उदास नहीं हो सकता, वह प्रसन्न कैसे होगा? और जिसकी आंखों से आंसू नहीं गिर सकते, वह हंसेगा कैसे? कठिन है? ये दोनों जुड़े हैं।

तुम रोते हो, तुम हंस सकते हो। तुम्हारी हर हंसी के पीछे आंसुओं का हाथ है। तुम्हारी हर हंसी में आंसुओं का स्वाद है। और अगर तुम गौर से देखोगे, तो तुम आंसुओं को भीतर छुपा पाओगे।

गांव में ग्रामीण स्त्रियां बच्चों को ज्यादा नहीं हंसने देतीं; वे कहती हैं : 'ज्यादा मत हंसो, नहीं तो रोओगे।' बच्चा अगर ज्यादा हंस ले, तो फिर रोता है। क्योंकि जब एक चीज खतम हो गई, तो दूसरा पहलू प्रकट हो जाता है। तुम भी अगर ज्यादा

हंस लोगे, तो आंख में आंसू आने लगेंगे। कभी हंस के देखो तो तुम धीरे से पाओगे कि जब हंसी चुक जाती है, तो तुम उदास हो जाओगे। शायद इसलिए हम हंसने में कंजूसी करते हैं, हम उसे रोक-रोककर खर्च करते हैं। क्योंकि डर है कि पीछे जो छिपा है, वह प्रकट न हो जा ये।

नीत्से का वचन है कि 'मैं हंसता रहा हूं, तो लोग समझते हैं : मैं बहुत प्रसन्न हूं। लेकिन जहां तक मैं जानता हूं, अपने बाबत, बात बिलकुल उलटी है। मैं इसलिए हंसता हूं कि कहीं रोने न लग जाऊं। तो हंसी में रोने को छिपाये हूं।' तुम्हारे सब नाच बहुत गहरे में शिकायत्त को छिपाये हुए हैं।

कहा हसन ने : 'राबिया, अल्लाह जो भी सजा दे...।'

आखिरी अवस्था के आदमी को न तो कोई सजा है, न कोई पुरस्कार है। सजा और पुरस्कार तो तभी तक हैं, जब तक पुरस्कार की आकांक्षा है। दुख तो तभी तक दुख मालूम पड़ता है, जब तक सुख की वासना है। जब तक तुम फूल की मांग करते हो, तब तक कांटा कांटा जैसा लगता है। जब फूल की मांग ही छूट गई, तो कांटे की चुभन भी चली गई। कांटे की चुभन फूल की आकांक्षा में छिपी है।

तुम जो मांगते हो, उससे विपरीत मिल जाये, तो सजा मालूम पड़ती है। यह हसन मांगता तो होगा स्वास्थ्य, इसलिए बीमारी सजा मालूम पड़ती है। हसन मांगता तो होगा धन, इसलिए गरीबी सजा मालूम पड़ती है। यह हसन मांगता तो होगा शाश्वत जीवन, इसलिए मृत्यु सजा मालूम पड़ती है। इसका क्या अर्थ हुआ?

कोई चीज न तो सजा है और न पुरस्कार। तुम्हारी व्याख्या पर, तुम्हारी वासना पर निर्भर है कि वह कैसी दिखाई पड़ेगी। राबिया सिर्फ बीमार है। हसन को दिखाई पड़ता है, यह सजा है। तथ्य तो इतना ही है कि 'राबिया बीमार है।' इसमें सजा और पुरस्कार का क्या सवाल है !

तथ्य को हम सीधा क्यों नहीं देख पाते? हम क्यों अपने मंतव्य उसमें जोड़ते हैं?

यह हसन बीमार नहीं होना चाहता। यह हसन बीमारी से डरता है। यह हसन सदा स्वस्थ रहना चाहता है। और जो यह राबिया से कह रहा है, असल में वह अपने से ही कह रहा है। राबिया तो एक निमित्त है। वह अपना मन प्रकट कर रहा है। कह रहा है : 'अल्लाह जो भी सजा दे, राबिया, फकीर को कोई शिकायत नहीं होती।' शिकायत हो गई। और क्या शिकायत होगी? सजा दी है अल्लाह ने—यह शिकायत हो गई। 'शिकायत नहीं होती', यह कहा कि शिकायत हो गई। बात

समाप्त हो गई। वह उसे चुपचाप सह लेता है।

'सह लेने' का अर्थ क्या होता है? सह लेने का अर्थ होता है : तुम विरोध में हो। तुम खुशी को तो नहीं सहते! तुम सदा दुख को ही सहते हो। कोई नहीं कहता है कि 'मैं खुशी को चुपचा प सह लेता हूं। ' तुम कभी नहीं कहते कि 'मैं सौभाग्य को चुपचाप सह लेता हूं!' तुम सदा दुर्भाग्य को ही चुपचाप सहते हो।

'सहने' का शब्द ही फकीर के होंठों पर शोभा नहीं देता। सहिष्णुता —सह लेना—असहिष्णुता का एक रूप है। उसके पीछे विपरीत छिपा हुआ है। और फिर—'चुपचाप'।

चुपचाप का मतलब है : तुम दूसरे से न कहो, लेकिन अपने तईं तो तुम जानते ही हो। चुपचाप में दूसरे को पता न चलेगा; लेकिन क्या तुमको भी पता नहीं चल रहा है? यह तो बात सही नहीं है।

चुपचाप सहने का अर्थ होता है कि मैं जानता हूं कि दुख है, लेकिन किसी को कहता नहीं हूं। क्योंकि क्या शिकायत करनी; फकीर का वह लक्षण नहीं। तब फकीरी सहज नहीं है—इस अवस्था में। जिसको कबीर कहते हैं : 'साधो सहज समाधि भली'—यह समाधि नहीं है। हसन उस समाधि से परिचित नहीं है। हसन चेष्टा कर रहा है; और चेष्टा से जीवन की जो परम धन्यता है, वह कभी नहीं खिलती। चेष्टा से यही होने वाला है।

शिकायत करते थे, तो तुम उलटा साध लोगे कि शिकायत नहीं करते। पहले दुख दुख जैसा मालूम पड़ता था, तुम कहते फिरते थे...। साधारण आदमी अपने दुखों का रोना रोता रहता है। अगर तुम लोगों की बातचीत सुनो, तो नब्बे प्रतिशत बातचीत तो दुख का रोना होती है। लोग अपना दुख बताते फिरते हैं; बढ़ा-चढ़ाकर अपने दुखों की चर्चा करते रहते हैं। जैसे अपने घाव को उघाड़ने में कुछ बड़ा मजा आता है ! या जैसे कि कोई दूसरा तुम्हारे घाव को देख लेगा, तो कुछ राहत मिलती है ! शायद सहानुभूति की आकांक्षा है कि कोई सहानुभूति दे। कोई कहे कि बहुत बुरा हुआ है, तो तुम्हारे मन पर मरहम पट्टी हो जा ती है। इसलिए हम अपने दुख का रोना रोते हैं। लेकिन फकीर इससे उलटा करता है; वह अपने दुख को छिपाता है; वह रोता नहीं। वह किसी से कहता नहीं; वह चुपचाप सहता है।

'चुपचाप' का क्या मतलब है? तुम जानते हो, शायद दूसरे को पता न चले। लेकिन दूसरे को पता चलने का अर्थ भी क्या है? तुम्हें पता चल गया, बात खतम हो

गई। जहां तुमने जान लिया कि दुख है, सजा है, वहीं तुम छिपे अर्थों में संसारी हो गये।

फिर मलिक बोले : 'राबिया, फकीर शिकायत तो मानता ही नहीं। बल्कि मिले हुए दंड में भी खुशी ही मानता है।' मलिक दूसरी अवस्था का फकीर है। हसन से थोड़ी दूर तक उसकी आंखें देखती हैं। हसन से थोड़ी दूर तक उसका हृदय धड़कता है। हसन से थोड़ी दूर तक उसकी समझ जाती है; पूरी नहीं जाती; लेकिन हसन से थोड़ी दूर जाती है। उसे थोड़ा-सा साफ दिखाई पड़ा कि हसन थोड़ी गलत बात कह रहा है।

फकीर शिकायत मानता ही नहीं; वह उसका लक्षण ही नहीं है। मिले हुए दंड में खुशी मानता है—धन्यवाद देता है। वह कहता है : 'तेरी कृपा है।' मरता है, तो भी कहता है : 'तेरी कृपा है।' दुख आता है, तो भी कहता है : 'तेरी कृपा है।' जो कुछ भी घटता है, सभी को परमात्मा की कृपा मानता है। लेकिन जब सुख आता है तब, और जब दुख आता है तब, दोनों हालत में अंतर होता है या नहीं?

जब सुख आता है, तब वह कहता है : 'तेरी कृपा है।' और जब दुख आता है, तब भी कहता है : 'तेरी कृपा है।' शब्द बिलकुल एक जैसे हैं। लेकिन दोनों के पीछे छिपा हुआ मनोभाव भिन्न होगा या नहीं?

दुख आता है, तब चेष्टा से कहना पड़ता है कि 'तेरी कृपा है।' सुख आता है, तब निश्चेष्ट भाव उठता है कि 'तेरी कृपा है।' सुख आता है तो कहने की कोई बात ही नहीं। बात जाहिर है कि 'तेरी कृपा है।' दुख आता है, तो साधना करनी पड़ती है कहने की कि तेरी कृपा है।

दुख में अनुग्रह का भाव साधा हुआ है; वह सहज नहीं है; जैसा सुख में सहज है। अभी भी दुख मौजूद है। तुमने चेष्टा करके उसे छिपा लिया है। तुमने चेष्टा करके उसे छिपा ही नहीं लिया, तुमने चेष्टा करके उसको विपरीत में बदल दिया है।

पहला फकीर छिपाता है, दूसरा विपरीत में बदलता है। विपरीत में बदलना छिपाने की गहरी से गहरी तरकीब है। पहले फकीर में तुम देखो तो थोड़ी उदासी पकड़ में आ जायेगी। दुखी नहीं होगा वह; छाती नहीं पीटेगा, रोयेगा नहीं। लेकिन उसकी आंखें बता देंगी कि वह हताश है, उदास है। कहेगा नहीं। लेकिन बिना कहे भी तो कहने के बहुत उपाय हैं ! कहना कोई जरूरत तो नहीं।

और जब तुम चुपचाप होते हो, तब भी तो तुम बहुत कुछ कहते हो। कई बार

तो ऐसा होता है कि जब तुम चुपचाप होते हो, तभी कुछ कहते हो। कुछ बातें ऐसी हैं—बड़े सुख, बड़े दुख—जो बोलकर कहे ही नहीं जा सकते; तुम चुपचाप हो जाते हो। घर में कोई मर जाये, तो कोई छाती पीटकर रोता है, कोई चुपचाप उदास बैठा है। और ध्यान रखना—जो छाती पीटकर रो रहा है, इसका दुख जल्दी विसर्जित हो जायेगा। या दो-चार दिन में फिर ताजा हो जायेगा। इसने छाती पीटकर मामला हल कर लिया। लेकिन वह जो चुपचाप बैठा है, शायद जिंदगी भर चुपचाप बैठा रहे। उसका दुख स्थायी-भाव हो जायेगा। वह निकल ही नहीं पायेगा। वह उसमें भरा-भरा रह जायेगा। वह उसके रोयें-रोयें में समा जायेगा।

यह जो छाती पीट रहा है—तुम सोचते हो कि दुख के कारण पीट रहा है? यह दुख को उलीच रहा है। इसलिए वैज्ञानिक कहते हैं, मनोवैज्ञानिक कहते हैं कि जब कोई मित्र दुख में हो, तो उसे पूरी तरह दुखी हो जाने दो। जितना वह दुखी हो जायेगा, उतने जल्दी दुख विसर्जित हो जायेगा। आंसू बह जा येंगे, हृदय हल्का हो जायेगा। चीख-पुकार मचा लेगा, फिर जिंदगी में वापस लौट आयेगा। कोई जिंदगी भर तो चीख-पुकार नहीं मचा सकता! और जिंदगी भर छाती भी नहीं पीट सकता। जिंदगी भर चिल्ला-चिल्लाकर रोना तो संभव नहीं है; लेकिन आदमी जिंदगी भर उदास रह सकता है।

तो जो दुख को जोर से शिकायत नहीं बनाते, जो दुख का रेचन नहीं करते, उनका दुख उदासी बन जाता है। इसे छिपाया नहीं जा सकता। दिखाई पड़ती है उदासी। और उदासी से बड़ी शिकायत क्या है? तुम्हारा होने का ढंग कहता है कि 'सब गलत है।' तुम बोलते नहीं, तुम सब सह लेते हो। लेकिन तुम्हारा सहना कहता है कि सब व्यर्थ है।

उसे अगर ठीक से ही छिपाना हो, तो तुम्हें उलटा रूप लेना चाहिए : जहां रोने की जरूरत हो, वहां हंसना चाहिए; जहां लोग उदास बैठ जाते हैं, वहां तुम्हें पुलकित हो जाना चाहि; जहां लोग छाती पीटते है, वहां तुम्हें नाचना चाहिए। ठीक उलटे में छिपाया जा सकता है।

लेकिन तब भी तुम बुद्धत्व की आंखों से न छिपा सकोगे। तब भी तुम साधारणजन की आंखों से छिप जाओगे। उनको लगेगा कि आश्चर्य है कि तुम प्रसन्न हो, आनंदित हो। तुम बड़ी ऊंची अवस्था में पहुंच गये हो! लेकिन बुद्ध की आंखें तुम्हें आर-पार देख लेंगी। और वे जानती हैं, कि विपरीत भीतर छिपा है। उसी को

छिपाने की चेष्टा में तुम नाच रहे हो। और तुम डरते हो कि अगर नाच रोका, तो उदासी जाहिर हो जायेगी।

उदासी एक में तो नाराजगी बनती है, वह भी प्रकट करने का एक ढंग है और मुक्त होने का। एक में नाच बन जाती है, वह भी मुक्त होने का एक ढंग है। क्योंकि दोनों ही स्थितियों में रेचन होता है, शक्ति बाहर निकल जाती है। एक रोकर निकालता है, एक गीत गाकर निकालता है। दोनों हालत में शक्ति बाहर चली जाती है; तुम भीतर हल्के हो जाते हो। चोट दोनों को पड़ी। दोनों के ढंग अलग-अलग हैं।

मलिक ने कहा : 'राबिया, फकीर शिकायत तो मानता ही नहीं।' मानो या न मानो, जानते हो या नहीं, सवाल वह है। मानने का कहां सवाल है? फकीर शिकायत मानता नहीं, लेकिन जानता तो है; जानता है, फिर भी मानता नहीं। लेकिन जान ली तो बात खतम हो गई। तुम्हारे मानने का सवाल कहां है? यह कोई विश्वास और आस्था की बात तो नहीं कि तुम मानोगे, तब सवाल है। तुमने जान लिया भीतर—पहले क्षण में—शिकायत हो गई। फिर तुम कुछ भी करो, शिकायत के कांटे को कितने ही आभूषण—हीरे-जवाहरातों में ढांक दो, लेकिन वह कांटा तुम्हारे हृदय में लगा हुआ है। हां, जो नासमझ हैं, वे शायद समझें कि कांटा नहीं है—हीरे जवाहरात हैं। लेकिन जो समझदार हैं, वे समझेंगे कि हीरे-जवाहरात हैं ही वहां इसलिए—कि कहीं कांटा छिपा है। तुम कुछ छिपाना चाह रहे हो। तुम कुछ बचाना चाह रहे हो। तुम चुपचाप सह रहे हो, लेकिन तुम्हारी चुप्पी भी कहेगी। और तुम्हारा सहना काफी शिकायत है।

'फकीर शिकायत मानता ही नहीं है, लेकिन मिले हुए दंड में खुशी भी मानता है।' पर यह मानना ही है। 'शिकायत मानता ही नहीं; मिले दंड में भी खुशी मानता है।' कोशिश करता है मानने की—कि खुशी है। लेकिन कौन मान सकता है खुशी ! जब तुम्हें दुख दिखाई पड़ता हो, तब तुम कैसे मानोगे कि यह खुशी है? झूठ होगा सब। तुम अपने को ही धोखा दोगे। तुम तरकीबें करोगे, जिससे कि खुशी मा लूम पड़े। डेल कारनेगी जैसे लोग इस तरह की सलाहें देते हैं।

डेल कारनेगी ने लिखा है कि एक आदमी लंगड़ा है और उसकी परमात्मा के प्रति बड़ी शिकायत है, वह बहुत नाराज है, बहुत दुखी है। फिर एक दिन वह एक आदमी को देखता है, जिसके दोनों पैर कटे हैं और वह जो दोनों पैर कटा हुआ आदमी है, एक पहिए से चलनेवाली कुर्सी में बैठा हुआ प्रसन्न है। तो वह एक पैर का लंगड़ा

आदमी सोचता है कि इस आदमी के दोनों पैर नहीं हैं ! परमात्मा की मुझ पर कितनी कृपा है।

जो लोग कहते हैं कि तुम्हें दुख में भी सुख मानना हो, वे कहते हैं : अपने से ज्यादा दुखी लोगों की तरफ देखना, तो तुलना से सुख मानने में आसानी हो जायेगी। यह जरा समझ लेने जैसा है।

अगर दुखी होना हो, तो अपने से ज्यादा सुखी लोगों की तरफ देखना; तुलना से दुख आ जायेगा। तुम्हारे पास झोपड़ा है, तो महल की तरफ देखना; महल से तुलना करना; तुम दुखी हो जाओगे। लेकिन तुम्हारे झोपड़े से भी छोटे झोपड़े हैं; झोपड़-पट्टियां हैं; तुम अपने झोपड़े के साथ उनकी तुलना करना : सुखी हो जाओगे। लेकिन दोनों अपने जैसे हैं, क्योंकि दोनों तुलना करते हैं। और पहले के दुख में और दूसरे के सुख में भेद क्या है? प्रक्रिया तो एक ही है। पहले में दुख पैदा हुआ, क्योंकि उसके पास महल है, मेरे पास झोपड़ा है। दूसरे में सुख पैदा हुआ, क्योंकि मेरे पास महल है और उसके पास झोपड़ा है। लेकिन गणित में कहां फर्क है? गणित तो एक ही है।

और तुम अपनी आंखों को कैसे बचाओगे? तुम कब तक झोपड़ों की तरफ देखते रहोगे? महल भी हैं। और वे दिखाई पड़ेंगे। और जब तक तुम खुश होते हो—झोपड़े को देखकर कि मेरे पास कम से कम इस झोपड़े से बेहतर मकान है, तो तुम कैसे अपने को दुखी होने से बचाओगे—जब तुम महल देखोगे ! और महलों से आंखें चुराकर जाओगे कहां? तुम्हारे .न का गणित तो एक है।

जहां तुलना है, वहां सुख-दुख दोनों मौजूद रहेंगे। सुख-दुख तो तभी तिरोहित होते हैं, जब तुलना गिर जाती है। लेकिन तुलना कब गिरती है, जब वासना अशेष हो जाती है। जब तक वा सना है, तुलना नहीं गिर सकती। जब तक तुम चाहते हो कुछ, तब तक जिनके पास है, उन्हें देखकर तुम पीड़ित होओगे। जब तक तुम चाहते हो कुछ, तब तक जो तुम्हारे पास है, उसे देखकर और वही दूसरों के पास नहीं है, उन्हें देखकर तुम प्रसन्न होओगे। तुम्हारे सुख-दुख दूसरों पर निर्भर हैं। और फकीर वह है, जिसने भीतर देखना शुरू किया; जो तुलना नहीं करता।

मलिक ने कहा : 'राबिया, फकीर शिकायत तो मानता ही नहीं; बल्कि मिले हुए दंड में खुशी ही मानता है।' लेकिन 'मानता' का अर्थ ही होता है—झूठ। सत्य को मानना नहीं पड़ता है।

लोग मेरे पास आते हैं; वे कहते हैं : 'हम ईश्वर में मानते हैं।' मैं उनसे पूछता हूं : 'तुम सूरज में मानते हो? चांद-तारों में मानते हो?' वे कहते हैं कि नहीं; क्या जरूरत मानने की ! वे हैं। ईश्वर में मानते हैं। ईश्वर पर तुम्हें शक है, इसीलिए मानते हो। शक न होता, तो मानते क्यों !

संदेह मानता है; संदेह विश्वास करता है, ताकि संदेह छिप जाये। अनुभव मानता ही नहीं; अनुभव जानता है।

सूरज को मानने की कोई जरूरत नहीं। और दुनिया में कोई संप्रदाय नहीं—सूरज को मानने वाले लोगों का संप्रदाय, सूरज को न माननेवाले लोगों का संप्रदाय ! ऐसा कोई संप्रदाय नहीं है। क्योंकि तुम्हें दिखाई तो कुछ पड़ता नहीं। कोई मानता है कि उसके चार हाथ हैं—न चार हाथ दिखाई पड़ते हैं। कोई मानता है कि उसके दो हाथ हैं—न दो हाथ दिखाई पड़ते हैं। विवाद का कोई निर्णय कभी हो नहीं सकता। उसकी शकल कैसी है?—कोई शकल नहीं दिखाई पड़ती। फिर कुछ मानते हैं कि 'वह है'। और आधी दुनिया मानती है कि 'वह है ही नहीं।' इस विवाद का भी निर्णय नहीं हो सकता।

ईश्वर के संबंध में इतना विवाद है, क्योंकि अंधेरे में टटोल रहे हो। सूरज के संबंध में इस तरह का विवाद नहीं है। क्योंकि अंधेरे में टटोलने का सवाल नहीं है। सूरज को अंधे भी इनकार नहीं करते हैं—जिनको दिखाई भी नहीं पड़ता। और ईश्वर को आंखवाले भी इनकार करते हैं। जरूर अंधेरा बड़ा गहरा है। टटोल-टटोलकर कोई बात कही जा रही है, जिसका कोई पक्का भरोसा नहीं है। जो मानता है, उसको भी पक्का भरोसा नहीं है।

मनोवैज्ञानिक कहते हैं कि जब तुम अपनी मान्यता की बहुत घोषणा करते हो, तो तुम सिर्फ अपने भीतर के संदेह की खबर देते हो। जब तुम जोर से टेबल पीटकर चिल्लाते हो कि 'मैं ईश्वर को मानता हूं' तो टेबिल का पीटना बता रहा है कि तुम किसी और के लिए टेबिल नहीं पीट रहे हो; अपने को ही भरोसा दिलाने के लिए टेबल पीट रहे हो।

जिस चीज में तुम्हें जितना शक होता है, उतना ही तुम उस संबंध में विचार करने से भयभीत होते हो। अगर कोई ईश्वर की चर्चा करने लगे और तर्क करने लगे कि 'ईश्वर है या नहीं' तो तुम नाराज हो जाते हो। नाराजगी इस बात की खबर है कि भीतर संदेह है; मान्यता ऊपर-ऊपर है। पतली सतह है उसकी। जरा-सा तर्क उसे तोड़

दे सकता है।

सच्चा आस्तिक कभी भी भयभीत न होगा—तुम्हारे तर्कों से; वह आनंदित होगा। लेकिन तुम्हारी आस्तिकता झूठी है।

यह जो हसन कह रहा है कि 'फकीर दंड में भी खुशी मानता है।' दंड तो दिखाई पड़ता है, लेकिन खुशी मानता है ! भीतर क्या है? भीतर दंड का बोध है; ऊपर-ऊपर—सतह पर खुशी की धा रणा है।

राबिया थोड़ी देर चुप रही। क्यों थोड़ी देर चुप रही? क्या कारण था—चुप रहने का? राबिया को जो कहना था, वह भी सीधा कह देती, जैसा हसन ने कहा, मलिक ने कहा। लेकिन राबिया थोड़ी देर चुप रही। क्योंकि राबिया को जो कहना था, वह कहने में आता नहीं, कठिन है। मलिक ने, हसन ने, जो भी कहा, वह सीधा-सीधा है। वह कहा जा सकता है। वह द्वंद्व के भीतर है। राबिया का जो कहना है, वह निर्द्वंद्व की खबर है। वह अखंड, अद्वैत की बात है। वह कही नहीं जा सकती। इसलिए राबिया थोड़ी देर चुप रही।

इसलिए राबिया थोड़ी देर चुप रही कि कहे या न कहे। क्योंकि ये समझेंगे नहीं। यह हसन बिलकुल न समझ पायेगा। क्योंकि यह मानता है कि शिकायत न करना, बस, काफी है। यह इसको मंजिल मालूम पड़ रही है। और न केवल यह खुद मानता है, इस मंजिल से इतना अभिभूत हो गया है कि मुझे भी वही सिखाना चाहता है।

और यह हसन अंधा है; नहीं तो राबिया को इसने अगर गौर से देखा होता , तो इसकी वाणी वहीं चुप हो गई होती। क्योंकि राबिया का शरीर होगा बीमार; राबिया जैसी स्वस्थ स्त्री खोजनी मुश्किल है। इसने अगर राबिया की आंख में जरा झांका होता, तो इसे परम स्वास्थ्य की किरण दिखाई पड़ती। इसने राबिया की जरा-सी गंध को अपने नासापुटों में लिया होता; तो यह जानता कि यहां परमात्मा घट रहा है।

राबिया को सिखाने की बात ही यह बताती है कि आदमी अंधा है। फिर अंधे से प्रकाश की चर्चा करनी या नहीं करनी?

हसन बोला भी नहीं था कि मलिक ने फौरन उत्तर दिया। यह मलिक विवादी है। इसने सोचा भी नहीं, झिझका भी नहीं। इसने तत्क्षण, जो हसन ने कहा था, उसको खंडित किया। और कहा , 'फकीर की कोई शिकायत ही नहीं होती। सहने का कोई सवाल नहीं है। फकीर तो दंड को खुशी मानता है।' इसने तत्क्षण विवाद मौजूद

कर दिया। राबिया चुप रही। क्योंकि राबिया किसी का खंडन नहीं कर रही है। कोई विवाद नहीं कर रही है।

विवादी एक क्षण चुप नहीं रह सकता। क्योंकि तुमने कुछ कहा, तत्क्षण विवादी खंडित करेगा। सिर्फ 'जाननेवाला' थोड़ी देर चुप रहेगा। क्योंकि वह स्थिति को पूरा का पूरा देखना चाहेगा। और जाननेवाले की बड़ी कठिनाई यह है कि जो वह जानता है, उसे शब्द में रखते ही वह भी विवाद जैसा मालूम पड़ता है। इसलिए राबिया झिझकी।

तुम ध्यान रखना कि सिर्फ ज्ञानी झिझकते हैं। एक-एक शब्द कीमती है। और एक-एक शब्द चुनना है। और हर शब्द अधूरा है। इसलिए जो कहना चाहते हैं, वह पूरा कहा नहीं जाता है। और फिर कहीं शब्द विवाद न बन जाये ! तुमने कहा था—कुछ बताने को। और कहीं विचार की उलझन खड़ी न हो जाये ! शब्द कहीं सिद्धांत न बन जाये, इसलिए ज्ञानी झिझकते हैं।

राबिया चुप रही, फिर वह बोली : 'मुझे माफ करना।' ज्ञानी का हर वक्तव्य—चाहे वह कहे या न कहे—इसी से शुरू होता है कि 'मुझे माफ करना।' वह माफी किस बात की मांग है?

जब हसन ने कुछ कहा, तो मलिक ने माफी नहीं मांगी। तत्क्षण खंडन किया।

विवाद दूसरे को तोड़ने में रस लेता है। विवाद को सत्य की कोई अभीप्सा नहीं है। 'दूसरा असत्य है', यह सिद्ध करने में मजा है; मैं सत्य हूं, तुम गलत हो। मुझे सवाल नहीं है कि सत्य क्या है। मैं जो कहता हूं, वह सत्य है। तुम गलत हो, मैं सत्य हूं। मेरा अहंकार सत्य है। इसलिए विवादी माफी नहीं मांगता। माफी का कोई सवाल ही नहीं है, दूसरे को तोड़ देना, गिरा देना है। दूसरे को चारों-खाने चित्त कर देना है।

विवाद एक तरह का युद्ध है। और आदमी ने लड़ना बंद कर दिया हाथों से—मल्ल-युद्ध बंद कर दिया, लेकिन युद्ध बंद नहीं होता। युद्ध की आदत बंद नहीं होती; तो शब्दों से लड़ता है। नासमझ लट्ठ लेकर लड़ते हैं; समझदार शब्दों से लड़ते हैं; लेकिन शब्दों का उपयोग लट्ठ की भांति करते हैं। दूसरे का सिर खोल देना है, वहां माफी क्या मांगनी है ! दूसरे को झुकाना है।

लेकिन राबिया जैसे लोग जब बोलते हैं, तो चाहे वे कहें या न कहें, लेकिन उनका हर वक्तव्य 'मुझे माफ करना'—उससे ही शुरू हो रहा है। क्योंकि वे विवाद के हिस्से

नहीं बनना चाहते हैं। वे किसी को गलत सिद्ध करने को उत्सुक नहीं हैं। सत्य को प्रकट करने की तो उत्सुकता है—किसी को असत्य सिद्ध करने की उत्सुकता नहीं है। इसलिए ज्ञानी बहुत बार तो चुप ही रह जायेगा।

जहां अज्ञानी बहुत मुखर होंगे, वहां वह चुपचाप हट आयेगा। वह उस शब्दों के जाल का हिस्सा न बनना चाहेगा।

राबिया थोड़ी देर चुप रही। उसने तौला होगा : 'कहूं, न कहूं। कहने पर ये समझ पायेंगे, न समझ पायेंगे? कहा हुआ—किसी उपद्रव, विवाद, तर्क में ले जायेगा या सत्य की झलक लायेगा ?' लेकिन फिर उसने तय किया कि वह कहे। यह तय करना भी बताता है कि उसने हसन और मलिक की काफी इज्जत की।

अगर तुम होते—हसन और मलिक की जगह, तो शायद वह बोलती ही नहीं, चुप ही रह जाती। अगर पहले नंबर का आदमी होता, जिसको मैंने सांसारिक कहा है, तो राबिया बोलती ही नहीं। लेकिन ये दोनों खोजी थे। गलत रास्ते पर हों, लेकिन खोजी थे, जिज्ञासु थे। इनकी धारणा भ्रांत हो, लेकिन चेष्टा थी, आकांक्षा थी—खोज की। ये उलटे चल रहे हों, लेकिन चल तो रहे थे। इनके चलने को देखने के कारण बोली।

उसने चुप्पी में इनमें झांका होगा। ये भले लोग थे। इनकी धारणा भ्रांत थी, पर लोग बुरे न थे। और किसी दिन उपलब्ध हो सकते हैं। तो इनमें बीज डालने जैसे थे। इस चुप्पी में उसने 'भूमि' की परीक्षा की और फिर उसने कहा : 'मुझे माफ करना।'

यह माफी किस बात की मांग रही है वह! 'माफी इस बात की मांग रही हूं कि मैं जो कहूं, उसे तुम मेरे अहंकार की घोषणा मत समझना। माफी इस बात की मांग रही हूं कि मैं जो कहूं, उससे तुम चोट मत ले लेना। तुम यह मत समझना कि मैंने तुम्हें गलत कहा। तुम यह मत समझना कि तुमने जो मुझे सलाह दी, वह मैंने स्वीकार नहीं की। तुम यह मत समझना कि तुम्हें मैं अज्ञानी कह रही हूं, नासमझ कह रही हूं। मुझे माफ करना। लेकिन जब से मैंने खुदा को जाना है—माफी तुमसे मांगती हूं—लेकिन मेरी अड़चन है कि जब से खुदा को जाना है, तब से मुझे दंड जैसी कोई प्रतीति नहीं होती। मुश्किल है : 'मुझे कहना ही पड़ेगा।' राबिया झिझकती है, न कहना पड़ता, तो अच्छा था। लेकिन सत्य को बिना कहे छोड़ना भी कठिन है। यही सत्य की दुविधा है।

जब तुम सत्य को जानते हो, तब तुम बड़ी मुश्किल में पड़ते हो। उसे कहना कठिन। उसे बिना कहे छोड़ना कठिन! तुम उसे कहो, तो भूल होती है। तुम उसे न कहो, तो भूल होती है। तुम उसे न कहो, तो भूल होती है; तुम उसे कहो तो डर है कि वह गलत समझा जाये; निन्यानबे मौकों पर गलत ही समझा जायेगा। और तुम उसे न कहो, तो डर है कि जो एक आदमी समझ लेता, उसका लाभ हो जाता, उसका मंगल होता, वह वंचित रह जायेगा। उसका पाप तुम्हारे सिर है। सौ से बोलने पर कोई यह तो आशा भी नहीं करता कि सौ समझ लेंगे। एक भी समझ ले तो बहुत है। लेकिन उस एक के लिए भी बोलना तो पड़ेगा।

'जब से मैंने खुदा को जाना, तब से मुझे दंड जैसी कोई प्रतीति नहीं होती।' जब से मैंने खुदा को जाना है, तब से मैंने दुख को नहीं जाना है। तो शिकायत का तो सवाल नहीं; उदास होने की कोई बात नहीं; प्रसन्नता भी किस बात की? और धन्यवाद किसको देना है?

वस्तुतः ईश्वर को जानना और दुख से अनजान हो जाना, एक ही घटना के दो हिस्से हैं। जिसने ईश्वर को जान लिया है, वह दुख को नहीं जान सकता है। जो दुख को जान रहा है, वह ईश्वर को नहीं जान सकता। दुख संसार है। जब तक तुम दुख को जानते हो, तब तक तुम कैसे परमात्मा को जानोगे?

दुखी चित्त परमात्मा को नहीं जान सकता। दुखी चित्त इतना व्याकुल है, इतना विक्षुब्ध है... दुखी चित्त ऐसा है, जैसे आंधी-तूफान में झील होती है। चांद का प्रतिबिंब बनता नहीं, टूट-टूट जाता है, बिखर-बिखर जाता है।

मौन चित्त ऐसा है, जैसे झील शांत होती है, जब कोई आंधी-तूफान नहीं होता, कोई लहर नहीं होती, और झील दर्पण बन जाती है, तब चांद झलकता है, तब चांद का प्रतिबिंब बनता है।

कहा राबिया ने : 'जब से मैंने खुदा को जाना, तब से मुझे दंड जैसी कोई प्रतीति नहीं होती। तो कैसी शिकायत!' क्योंकि दंड की, दुख की प्रतीति हो, तो फिर हम प्रतिक्रिया कर सकते हैं। प्रतिक्रिया तो नंबर दो है, पहले प्रतीति है।

प्रतीति हो, तो फिर प्रतिक्रियाएं तीन तरह की हो सकती हैं। एक साधा रण आदमी की प्रतिक्रिया—कि वह नाराज हो रहा है, शिकायत कर रहा है। फिर 'नंबर एक' फकीर की प्रतिक्रिया कि वह शिकायत नहीं कर रहा है, सह रहा है। और 'नंबर दो' फकीर की प्रतिक्रिया कि वह शिकायत नहीं कर रहा है, दंड को सौभाग्य मान रहा है

कि तूने मेरी तरफ कृपा की।

लेकिन राबिया बड़ी गहरी बात कहती है। वह कहती है : 'जब दंड की प्रतीति ही न हो तो प्रतिक्रिया कैसी?' जब बीज ही नहीं है, तो फिर वृक्ष ऐसा हो कि वैसा हो—यह बात ही फिजूल है। तो कैसी शिकायत? क्या सह लेना? और किसकी खुशी? तब नाराजगी खो जाती है, उदासी खो जाती है, प्रसन्नता खो जाती है। वे तीनों मन के ही हिस्से हैं। प्रसन्नता भी मन का ही खेल है। उदासी भी मन का ही खेल है। शिकायत, नाराजगी भी मन का ही खेल है इसे तुम ठीक से समझ लेना।

सभी प्रतिक्रियाएं मन का हिस्सा हैं। प्रतिक्रिया मन है। तुम बुद्ध के पास गये और तुमने उन्हें गाली दी। बुद्ध के भीतर क्या होता है? अगर कुछ भी होता है, तो वहां बुद्ध ही नहीं हैं। कुछ भी नहीं होता। जैसे सूने मकान से गाली गूंजी—एक कोने से प्रवेश की और दूसरे कोने से निकल गई; उस गाली से न तो उस कमरे की दीवालों पर कोई छाप पड़ी, न उस गाली का कोई स्मरण कमरे के भीतर छूटा; न कमरा कंपित हुआ, न कमरे ने कोई रुख लिया, न कमरे ने अपने को बचाना चाहा; न धन्यवाद दिया, न शिकायत की। कमरा खाली था। गाली गूंजी और निकल गयी। प्रतीति नहीं होती, इसलिए प्रतिक्रिया नहीं होती है।

कैसी शिकायत? क्या सह लेना? किसकी खुशी ! और यह कब होगा?—जब प्रतिक्रिया न होगी। यह कब होगा?—जब प्रतीति न होगी।

जब तक 'तुम' हो, तब तक तो प्रतीति होगी। कोई गाली देगा, तो तुम कैसे बचोगे? और तुम बचने के लिए जो भी करोगे, वही तो प्रतिक्रिया है; वही तो वे दो फकीर कह रहे हैं। वे कह रहे हैं : 'कोई गाली दे, सह लेना।' वे कहते हैं : 'कोई गाली दे, धन्यवाद दे देना।' लेकिन करना जरूर कुछ ! करने वाले को दोनों स्वीकार कर रहे हैं कि तुम वहां हो।

राबिया यह कह रही है कि जब परमात्मा होता है, तो तुम कहां बचोगे? तब वही है गाली देने वाला; वही होगा गाली सहने वाला। सब खेल उसका है, हम बीच में आते नहीं। हम हैं नहीं; 'नाव खाली है।' इसलिए सारे धर्म अहंकार-विसर्जन पर जोर देते हैं। वही एकमात्र साधना है।

अहंकार को मौजूद रखकर तुम जो भी साध लोगे, वह ऊपरी होगा। भीतर तुम मौजूद हो और तुम्हारी ऊपरी प्रतिक्रियाओं से कोई फर्क नहीं पड़ता कि तुम शिकायत करो, कि धन्यवाद दो। तुम नाराज होओ कि खुश होओ, इससे कोई फर्क नहीं

पड़ता। तुम हो, इससे फर्क पड़ता है। तुम नहीं हो, इससे फर्क पड़ता है।

सारी साधना अहंकार-घात है। खुद को मिटाना है। और जब तुम नहीं रह जाते हो, तो अचानक तुम पाते हो, परमात्मा सदा से विराजमान रहा है। तुम जिस सिंहासन पर बैठे थे, वह उसका ही सिंहासन है। तुम्हारी वजह से वह दिखाई नहीं पड़ता था।

तुम्हारे अतिरिक्त और कोई बाधा नहीं, और कोई परदा नहीं। तुम पर परदा नहीं पड़ा है, तुम ही परदा हो। इसलिए परदे को हटाने से कुछ भी न होगा; तुम्हीं को हटाना पड़ेगा। जिस क्षण भी तुम पाते हो कि भीतर तुम नहीं हो, कमरा खाली है—शून्य हो गया—तब तुम राबिया को समझ पाओगे।

पता नहीं हसन और मलिक समझ पाये कि नहीं! राबिया जैसा व्यक्तित्व हमेशा अनसमझा रह जाता है।

राबिया को लोग नास्तिक कहते हैं। क्योंकि परमात्मा का धन्यवाद नहीं। राबिया कभी मसजिद न जाती। राबिया कभी कुरान न पढ़ती, कभी प्रार्थना न करती। राबिया को किसी ने भी नाचते, गीत गाते नहीं देखा। यह राबिया किस तरह का व्यक्तित्व है?

अगर तुम समझ पाओ, तो राबिया एक ऐसा व्यक्तित्व है, जिसमें कोई केंद्र नहीं रहा; जिसका कोई मैं-भाव नहीं। कौन जाये मसजिद; कौन करे प्रार्थना; कौन पढ़े कुरान?

इसी को कबीर 'सहज समाधि' कहते हैं। कौन... किसकी पूजा? कौन करे पूजा? तो कबीर कहते हैं : उठना-बैठना, खाना-पीना—यही मेरी पूजा है। किसको लगाऊं भोग? कौन लगा ये भोग? किस मंदिर की परिक्रमा करूं? चलना, फिरना, डोलना—यही मेरी परिक्रमा है।

लेकिन कबीर या राबिया हमारे लिए बड़े दूर मालूम पड़ते हैं। इतनी दूर मालूम पड़ते हैं—हमारी पकड़ के बाहर।

तुम हसन को भी समझ सकते हो; तुम मलिक को भी समझ सकते हो। क्योंकि वे भले फकीर हों, संसार के बाहर नहीं हैं। उनकी भाषा तुम्हारी ही भाषा है।

कोई कहता है : 'शिकायत करो।' कोई कहता है : 'शिकायत मत करो।' कोई कहता है : 'शिकायत की स्थिति में प्रसन्नता रखो।' यह सब समझ में आता है। राबिया पकड़ के बाहर छूट जाती है। और राबिया ही समझने जैसी है। क्योंकि जो तुम्हारी पकड़ के बाहर छूट जाता है, वही तुम्हें तुम्हारी पकड़ के बाहर ले जायेगा।

सदगुरु की सदा यह चेष्टा होती है कि धीरे-धीरे तुम्हें उस तरफ ले जाने लगे, जो तुम्हारी पकड़ के बाहर छूटता है। नहीं तो तुम्हारी खुद की पकड़ कैसे छूटेगी ! तुम्हें धीरे-धीरे ज्ञात से अज्ञात—और अज्ञात से अज्ञेय की तरफ ले जाता है। वह धीरे-धीरे तुम्हारे पैर के नीचे की भूमि को सरकाता जाता है और एक दिन सूने आकाश में छोड़ देता है—असहाय—एक महाखड्ड में जिसका अंत ही नहीं आता। तुम गिरते ही जाते हो, गिरते ही जाते हो। कोई सतह नहीं आती, जहां तुम खड़े हो सको। क्योंकि तुम खड़े हुए कि अहंकार वापस आ जायेगा। तुम गिरते ही जाओगे, गिरते ही जाओगे। तभी तुम एक ऐसी घड़ी में आओगे, जब तुम खड़े होने की फिक्र छोड़ दोगे; उसी क्षण अहंकार तिरोहित हो जायेगा।

इस कहानी को ठीक से समझना। हसन और मलिक समझ में आ जायेंगे; वह कचरा है—जो तुम्हारी समझ में आ जाये, वह कचरा है। जो समझ में न आये, उस पर थोड़ा श्रम करना। आंख खोलना, ज्यादा सजग होना, ज्यादा ध्यानपूर्वक समझने की कोशिश करना।

जो तुम्हारी समझ में न आये, वही तुम्हारे लिए सीढ़ी बनेगी; उससे ही धीरे-धीरे तुम अपने से दूर जाओगे। और अपने से दूर जाने का अर्थ है : परमात्मा के निकट जाना। जितने तुम अपने से दूर जाओगे—उतने ही परमात्मा के पास। और जितने तुम अपने पास हो—उतने ही हो परमात्मा से दूर। परमात्मा और तुम्हारे बीच यही फासला है।

2

आत्मिक विस्फोट की पात्रता

झेन साधक बनजान बाजार से गुजर रहा था। एक कसाई और एक ग्राहक की बातचीत उसके कानों में पड़ी।

ग्राहक ने कहा : 'मुझे सर्वश्रेष्ठ मांस का टुकड़ा ही देना।'

कसाई बोला : 'मेरी दुकान में सब कुछ सर्वश्रेष्ठ ही है। यहां कुछ भी नहीं है, जो सर्वश्रेष्ठ नहीं।'

बस, इतना सुनकर बनजान ज्ञान को उपलब्ध हो गया।

ओशो, कृपा कर इस कथा का मर्म हमें बताएं।

परम ज्ञान की घटना किसी भी क्षण घट सकती है। कहावत है कि एक छोटा-सा तिनका भी ऊंट को बिठा सकता है; लेकिन वह आखिरी तिनका होना चाहिए। ऊंट पर वजन को रखते जाओ, रखते जाओ, सहता जायेगा, एक सीमा तक। फिर आखिरी तिनका भी उसे बिठा देगा, जब वजन सीमा के पार हो जायेगा। बरतन में पानी को भरते जाओ, भरते जाओ, फिर एक सीमा है, उसके बाद एक बूंद भी ज्यादा, बरतन में न समा सकेगी। फिर एक बूंद भी बरतन के बाहर पानी को ले जायेगी। आखिरी बूंद—आखिरी तिनका क्रांतिकारी सिद्ध होता है।

पानी को तुम गरम करते हो; होता है गरम—एक डिग्री से निन्यानबे डिग्री तक; लेकिन भाप नहीं बनता। आखिरी डिग्री—सौवीं डिग्री और पानी एक छलांग लेता है; क्रांति घटती है और पानी भाप बन जाता है। आखिरी डिग्री में और पहली डिग्री में क्या फर्क है? गरमी वही है : पहली डिग्री में भी उतनी ही गरमी है, जितनी आखिरी डिग्री में।

पहले तुम पत्थर भी रखते रहे ऊंट पर, तो वह न बैठा और आखिरी तिनके ने बिठा दिया ! तिनके में क्या कोई ज्यादा वजन है? सवाल तिनके का नहीं है; सवाल ऊंट की सामर्थ्य का है। आखिरी सीमा—फिर छोटी-सी घटना भी क्रांति बन जाती है।

इस बात को खयाल में ले लो, और फिर यह कहानी समझ में आ जायेगी; अन्यथा कहानी बड़ी बेबूझ है। और झेन में ऐसी बहुत-सी कथाएं हैं। और ध्यान रखना ; ये कथाएं ऐतिहासिक घटनाएं हैं, कहानियां नहीं हैं। ऐसा हुआ है। और ऐसा झेन साधकों को ही हुआ है, ऐसा नहीं; दुनिया में हर कोने में, जहां भी लोगों को परम ज्ञान उपलब्ध हुआ है, ऐसी घटनाएं घटी हैं; कोई छोटी-सी बात क्रांति बन जाती है।

अगर बात को सीधा समझो, तो वह तिनका है; उससे ऊंट कैसे बैठेगा ! अगर गरमी को सीधा नापा, तो वह एक डिग्री है; चाहे पहली हो, चाहे सौवीं डिग्री हो;

उससे पानी भाप कैसे बनेगा? लेकिन देखना पड़ेगा कि जिसके जीवन में क्रांति घटी, वह कहां था।

अगर तुम इंक्यानबे डिग्री पर हो, तो वही डिग्री तुम्हें सिर्फ थोड़ा-सा गरम करके रह जायेगी; तुम बानबे डिग्री पर गरम हो जाओगे। लेकिन जो निन्यानबे डिग्री पर है, वही एक डिग्री, उसमें क्रांति घटा देगी। वह तुम्हारी समझ में न आयेगा।

तुम एक तिनका ऊंट पर रख दो। ऊंट पर कोई वजन नहीं है, तो ऊंट को तिनके का पता ही न चलेगा? और वह बहुत चकित होगा सुनकर कि कभी-कभी ऐसा भी हुआ है कि तिनके के बोझ से ऊंट बैठ गये। वह हंसेगा कि पागल हो गये हो! तिनके का वजन पता ही नहीं चलता, ऊंट बैठेंगे कैसे! लेकिन अगर ऊंट पहले से ही लदा हो और आखिरी घड़ी आ गई हो—सामर्थ्य की सीमा आ गई हो—तो एक तिनका भी काफी है।

सवाल तिनके का नहीं है; सवाल तुम्हारी मनोदशा का है। अगर कोई व्यक्ति खोज रहा है, खोज रहा है, खोजता जा रहा है और उसने अपनी सारी सामर्थ्य लगा दी है खोज में, कुछ बचाया नहीं है। इसे ठीक से खयाल में ले लेना।

तुम सदा अपने को बचाकर चलते हो, इसलिए चूक रहे हो—जन्मों-जन्मों से। इस जन्म में भी चूक जाओगे—अगर बचाया; क्योंकि तुम्हारा ऊंट कभी पूरा लदा हुआ न होगा। आखिरी तिनका, कभी आखिरी तिनका सिद्ध न होगा। तुम्हारा पानी कुनकुना ही होगा, कभी निन्यानबे डिग्री तक न उबलेगा। इसलिए आखिरी डिग्री तुममें क्रांति न ला सकेगी।

तुम्हें बुद्ध भी मिल जायें, तो भी तुम बैठोगे नहीं। तुम्हें कृष्ण भी मिल जायें, तो भी तुम भाप न बनोगे। और कभी-कभी ऐसा हुआ है कि एक कसाई की चर्चा—और कोई संबोधि को उपलब्ध हो गया।

कहा जाता है कि लाओत्से वृक्ष के नीचे बैठा था और एक सूखा पत्ता वृक्ष से टूटा—हवा के झोंके में—और गिरने लगा। उस लंबे वृक्ष से सूखे पत्ते गिरने को देखते-देखते—जब तक वृक्ष से पत्ता जमीन तक आया, तब तक—लाओत्से ज्ञान को उपलब्ध हो चुका था। यह 'ऊंट' पूरा लदा होगा; अन्यथा एक सूखा पत्ता किसको ज्ञान दे सकता है! तुम बैठे हो उस वृक्ष के नीचे, सारे पत्ते भी सूखकर गिर जायें, तो भी कुछ न होगा।

एक झेन फकीर स्त्री पानी भरकर लौटती थी। कंधे पर कांवर रखी थी। दोनों

तरफ मिट्टी के घड़े लटके थे और अचानक कांवर टूट गई। पूरे चांद की रात थी। घड़ा गिरा और फूट गया। इधर घड़ा फूटा, उधर उसके भीतर कोई क्रांति घट गई; वह परम ज्ञान को उपलब्ध हो गई। यह घड़े की टूटने की आवाज, यह पानी का बिखर जाना, बस क्रांति घट गई।

तुम कहोगे, अगर क्रांति ऐसे घटती हो, तो हम सारे बाजार में जितने घड़े हों, खरीद लायें; सभी को तोड़ डालें। नहीं, तब तुम चूक गये। और इसी तरह धार्मिक लोग चूकते रहे हैं। सभी रिचुअल, सभी क्रियाकांड इसी भ्रांति से पैदा होते हैं। क्योंकि एक आदमी के जीवन में किसी बात से क्रांति घटती है। कोई आदमी केवल राम-राम-राम कहते—क्रांति को उपलब्ध हो जाता है।

कहते हैं कि वाल्मीकि भूल ही गया ठीक उच्चारण, तो 'राम-राम-राम' न कहकर 'मरा-मरा-मरा' कहता रहा और क्रांति को उपलब्ध हुआ। तो तुम भी दुहराते रहो; ठीक वाल्मीकि जैसा : मरा-मरा-मरा कहो या सुधारकर कहो : राम-राम-राम, तो भी तुम क्रांति को उपलब्ध न हो जाओगे। वाल्मीकि के लिए यह घटना आखिरी तिनका थी।

तुम्हारी सारी शक्ति जब लग जाये, कुछ भी न बचे, कुछ लगाने को न बचे, तुमने अपने को पूरा ही दांव पर रख दिया, फिर किसी भी चीज से क्रांति घट जायेगी।

और फिर तुम्हें किसी का अनुसरण करने की जरूरत नहीं है। और प्रत्येक व्यक्ति को क्रांति अनूठे कारणों से घटेगी; क्योंकि जिंदगी बड़ी है, बहुत बड़ी है, बहुत विराट है। यहां प्रतिपल घटनाएं घट रही हैं। कब तुम्हारी क्रांति का क्षण आ जायेगा, यह तुम पर निर्भर है, घटनाओं पर नहीं। घटना तो सांयोगिक है कि तुम्हें बाजार में घटेगी कि जंगल में घटेगी—बिलकुल सांयोगिक है।

बुद्ध सिद्धासन में बैठे थे, तब घटना घटी। फिर हजारों लोग सिद्धा सन में बैठे रहते हैं—इस आशा में कि घटना घटे। वे पागल हैं। यह तो संयोग था कि बुद्ध सिद्धासन में बैठे थे और उनकी पूरी शक्ति लग गई।

महावीर को तो बहुत अजीब आसन में घटना घटी—'गोदोहासन' में। जैसा कि कोई गाय से दूध दोहता है, तब बैठता है, ऐसे महावीर बैठे थे। पता नहीं क्या कर रहे थे ! गोदोहासन में कोई बैठता भी नहीं। शायद बैठे ही रहे होंगे—खड़े रहे होंगे, बैठने जा रहे होंगे; और जब स्थिति गोदोहासन की थी, तब क्रांति घट गई। फिर न मालूम कितने लोग गोदोहासन में बैठकर आशा रखते हैं कि क्रांति घट जा ये ! भूल

हो जाती है।

तुम तिनके की फिक्र करते हो ! अपनी फिक्र करना। तिनके का कोई भी मूल्य नहीं है। मूल्य है कि तुम्हारी सारी शक्ति लग गई हो; कुछ न बचा हो, तो हवा का एक झोंका और तुम दूसरे ही हो जाओगे। एक सूखे पत्ते का गिरना—और पुराना मर जायेगा; तुम्हारे भीतर नये का जन्म हो जायेगा। यह तो पहली बात समझ लो।

दूसरी बात—इसके पहले कि इस कहानी में प्रवेश हो—यह समझ लेना जरूरी है कि मन का सारा खेल तुलना पर, कंपेरिजन पर खड़ा है। जब तक तुम तुलना करते रहोगे, तब तक मन से छुटकारा नहीं है।

मन कहता है : 'यह भला, यह बुरा; यह सुंदर, यह कुरूप; यह श्रेयस्कर, यह अश्रेयस्कर; इसे चुनो, इसे छोड़ो।' मन कहता है : 'यह स्वर्ग, यह नरक।' मन कहता है : 'यह राम, यह रावण।' मन बांटता है। और जब तुम मन की सुन लेते हो, तुम भी बंट जाते हो। तुम तब तक बंटे ही रहोगे, जब तक तुम मन की सुनोगे। क्योंकि मन कहता है : 'यह ठीक और यह गलत। गलत को नहीं करना है, ठीक को करना है।'

यह विभाजन—मन बाहर ही नहीं कर रहा है; इस विभाजन के लिए तुम अगर राजी हुए, तो विभाजन भीतर भी हुआ जा रहा है। मन बाहर भी बांटता है, भीतर भी बांटता है। इसलिए कृष्णमूर्ति निरंतर कहते हैं— 'च्वॉइसलेसनेस—तुम चुनाव मत करो।'

चुनाव न करने का मौलिक अर्थ होता है—तुम तुलना मत करो। तुलना की, कि चुनाव हो गया। तुम भेद मत करो; और तुम मत कहो कि 'यह पत्थर है और यह हीरा है।' और तुम मत कहो कि 'यह मूल्यवान है यह निर्मूल्य है।' क्योंकि जैसे ही तुमने किसी भी तरह की तुलना खड़ी की—कि तुम बंटे। अनबंटा होना, अविभाजित होना, अद्वैत की उपलब्धि का मार्ग है। तब तुम्हें एक मिलेगा, जब तुम एक हो जाओगे। जब तक तुम दो हो, तब तक सब दो हैं। और तुम हो अनेक, इसलिए सब अनेक हैं। यह जगत तो एक बड़ा परदा है, इस पर तुम ही विराट होकर दिखाई पड़ रहे हो।

यह कहानी कठिन लगती है। लेकिन कठिन इसलिए लगती है कि हम यह मान ही नहीं सकते कि एक दुकान में सभी चीजें श्रेष्ठ हैं। और दुकानदार कह रहा है कि 'यहां तो कोई ऐसी चीज ही नहीं है, जो श्रेष्ठ न हो। सब चीजें सर्वश्रेष्ठ हैं।' वह सारी

तुलना तोड़ रहा है । क्योंकि हम कहेंगे कि 'होंगी अच्छी, लेकिन फिर भी तो तुलना होगी। कोई ज्यादा अच्छी होगी, कोई कम अच्छी होगी—कोई बहुत अच्छी होगी। यह तो असंभव है कि दुकान पर सभी चीजें सर्वश्रेष्ठ हों ! और अगर सभी सर्वश्रेष्ठ हैं, तो उनको सर्वश्रेष्ठ कहने का कारण क्या है? क्योंकि निकृष्ट के बिना सर्वश्रेष्ठ कैसे होगा ! और जब तक सर्वश्रेष्ठ से नीचे की सीढ़ियां न हों, तब तक सर्वश्रेष्ठ की सीढ़ी कैसे निर्मित होगी? जहां शूद्र न हों, वहां ब्राह्मण कैसे होंगे? और जहां नीचे की सीढ़ी न हो, वहां ऊपर की सीढ़ी कैसे होगी? जहां व्यर्थ न हो, वहां सार्थक कैसे होगा?'

मैंने सुना है कि मुल्ला नसरुद्दीन दो स्त्रियों के प्रेम में था; और तय नहीं कर पाता था कि किसको चुने; क्योंकि एक बहुत सुंदर थी और एक बहुत धनी थी। और दोनों तरफ दौड़ता था। धन का लोभ भी छूटता नहीं था। धन निश्चय ही बहुत था। और मन कहता था कि 'शरीर का सौंदर्य तो दो दिन में बासा पड़ जायेगा; धन का सौंदर्य टिकता है। दो दिन बाद सुंदर से सुंदर स्त्री भी साधारण मालूम होने लगेगी—जब परिचित हो जाओगे। लेकिन धन देर तक काम देगा। रूप से भी ज्यादा रुपया स्थायी है।'

और मन का दूसरा हिस्सा कहता था : क्या करोगे रुपयों का भी? अगर तुम इस कुरूप स्त्री के चक्कर में पड़ गये, तो जिंदगी भर रोओगे। माना कि रूप क्षण-भंगुर है, पर मूल्यवान है। सारा जीवन इस क्षण-भंगुर पर गंवा देने जैसा है। रुपये को इकट्ठा भी कर लिया, स्थायी भी है, तो भी मुरदा है। शायद इसीलिए स्थायी भी है, क्योंकि जिंदगी तो बदलती है।'

मन बड़ी मुश्किल में था; कुछ तय न कर पाता था। वे दोनों स्त्रियां भी बड़ी मुश्किल में थीं कि कैसे तय करें। दोनों को उलझाये हुए था। आखिर उन दोनों स्त्रियों ने कहा कि 'हमें ही कुछ करना पड़े।'

एक दिन नसरुद्दीन को दोनों लेकर नदी पर नाव में बैठकर गईं। रास्ते में उन्होंने कहा : 'नसरुद्दीन, अगर नाव डूब जाये और तुम हम दोनों में से एक को ही बचा सको, तो तुम किसको बचाओगे? तुम हम दोनों में से किसको सुंदर समझते हो? किसको योग्य समझते हो?' नसरुद्दीन ने कहा, 'तुम दोनों एक दूसरे से बढ़-चढ़कर सुंदर हो।' फिर भी उसने 'कमिट' न किया। लेकिन यह कैसे हो सकता है कि दो व्यक्ति एक दूसरे से बढ़-चढ़कर सुंदर हों! यह तो तभी हो सकता है, जब मन देखने वाला न हो।

जब तक मन है तब तक तो मन कहेगा कि 'एक कम, एक ज्यादा; एक नीचे, एक ऊपर।' मन सीढ़ियां बनाता है, सभी वर्ण, सभी हाइरार्की मन के निर्माण हैं। मन कहता है : नंबर एक, नंबर दो, नंबर तीन...।' मन विभाजित करता है,सीढ़ियां बनाता है, वर्ण निर्मित करता है, वर्ग निर्मित करता है।

कार्ल मार्क्स, लेनिन, स्टैलिन, माओ—जगत में वर्ग-विहीन समाज बनाना चाहते हैं; लेकिन उन्हें कुछ पता नहीं है; जीवन के गहरे सूत्रों का कोई पता नहीं है। जब तक मन है, तब तक वर्ग-विहीन समाज बन नहीं सकता; क्योंकि मन वर्ग का निर्माता है।

धन का सवाल नहीं है। धन बंट जाये, तो भी वर्ग-विहीन समाज निर्मित न होगा। बराबर धन बांट दिया जाये, तो भी वर्ग-विहीन समाज निर्मित न होगा। क्योंकि मन को ऊपर-नीचे रखने की आदत है। तब भी किसी को सुंदर कहोगे, किसी को असुंदर; किसी को बुद्धिमान, किसी को कुरूप; किसी को योग्य, किसी को अयोग्य। और जल्दी ही जो बुद्धिमान है, वह ज्यादा धन इकट्ठा कर लेगा; जो बुद्धिहीन है, वह धन खो देगा। ज्यादा देर न लगेगी कि सुंदर के पास धन चला आयेगा, कुरूप के हाथ से धन खो जायेगा। कितनी देर लगेगी : वर्ग के वापस लौट आने में ! जब तक मन है, तब तक वर्ग के आने के लिए दरवाजा खुला है।

वर्गविहीन समाज कम्युनिस्टों के द्वारा निर्मित नहीं हो सकता। वर्गी विहीन समाज तो सिर्फ योगियों के द्वारा निर्मित हो सकता है। इसलिए यह करीब-करीब असंभव है, क्योंकि जब सारी पृथ्वी योग में निष्णात हो, जब सारी पृथ्वी अ-मन की हालत में पहुंच जाये—जहां मन समाप्त हो जाता है—तब वर्ग-विहीनता आयेगी। उसके पहले वर्ग-विहीनता का कोई उपाय नहीं है।

यह दूसरा तत्व है समझ लेने जैसा कि क्यों इस फकीर को एक कसाई की बात सुनकर ज्ञान उपलब्ध हो गया ! कसाई ने ऐसी बेबूझ बात कही कि मन उसे पकड़ ही न पाया। वह पहेली हो गई। उसी पर ध्यान लग गया।

और कसाई ने ऐसी बात कही जो कि इस जगत के संबंध में सत्य है। इस परमात्मा के जगत में सभी कुछ सर्वश्रेष्ठ है; यहां कोटियां हैं ही नहीं। यहां नीचे-ऊपर रखने का उपा य ही नहीं है। यहां सभी कुछ ऊपर है। यहां नीचे जैसी कोई घटना ही नहीं घटती। यह दूसरी बात है कि तुम्हें कुछ नीचा दिखाई पड़ता है और तुम्हें कुछ ऊंचा दिखाई पड़ता है।

यह तुम्हारे देखने की बात है, यह तुम्हारा नजरिया है, यह तुम्हारी आंख है, जो कोटियां पैदा करती है। लेकिन ज्ञानी के देखने का ढंग ऐसा है कि कोटियां खो जाती हैं; वह देखता है, और कोटियां खो जाती हैं। इसलिए ज्ञानी निर्णय नहीं लेता; ज्ञानी न्यायाधीश नहीं बनता। जीसस ने जगह-जगह दुहराया है—अपने शिष्यों को कहा है : 'जज यी नॉट—तुम निर्णायक मत बनो; तुम न्यायाधीश मत बनो।'

प्रसिद्ध कहानी है कि एक गांव में एक स्त्री को लोग जीसस के पास लेकर आये, क्योंकि उसने व्यभिचार किया था। और नियम था—पुरानी किताब में कि व्यभिचार करने वाली स्त्री को पत्थर मार-मारकर मार डाला जाये। सारा गांव उसे मारने को उत्सुक था। ये वे ही लोग थे, व्यभिचार करने को भी उत्सुक रहे होंगे। शायद मारने को इसीलिए उत्सुक थे, क्योंकि व्यभिचार किसी और ने कर लिया था! उनका मौका चूक गया था। ये सभी व्यभिचार में भी प्रतियोगी थे और क्यू लगाकर खड़े रहे होंगे। ये चूक गये थे और नाराज थे और क्रोधित थे। लेकिन क्रोध भी सुंदर रास्ते खोजता है। ये इसको मार डालना चाहते थे। इस स्त्री ने उन्हें पराजित किया था। और इस स्त्री ने इन्हें प्रलोभित भी किया था, आकर्षित किया था; इनकी वासना को भी जगा या था और इनकी वासना तृप्त भी नहीं हो पाई थी।

सारा गांव नाराज था। बड़े-बूढ़े, जवान—सब-पत्थर लिये नदी के किना रे उस स्त्री को मारने को तैयार थे। जीसस उस नदी के किनारे बैठे हैं, तो लोगों ने कहा कि 'जीसस से भी हम पूछ लें। और यह अच्छा मौका है—जीसस को भी फांस लेने का । यह स्त्री तो फंस ही गई और इसको हम मार डालेंगे; जीसस को को भी फांस लेने का अच्छा मौका है।'

अगर जीसस कहें कि पुरानी किताब गलत है, तो पत्थर दोनों का ही अंत कर देंगे। यह आदमी खतरनाक है और इस तरह की बातें बोल रहा है जो कि पुराने शास्त्र के विपरीत है। और अगर जीसस कहे कि 'पुराना शास्त्र सही है', तो हम स्त्री को तो मार डालेंगे। फिर हम जीसस को कहेंगे : तुम्हारी शिक्षाओं का क्या होगा? क्योंकि तुम कहते हो—जो तुम्हारे गाल पर एक चांटा मारे, तो तुम दूसरा सामने कर देना। और तुम कहते हो कि 'प्रेम ही परमात्मा तक पहुंचने का मार्ग है।' और तुम कहते हो : 'विनम्र की विजय होगी।' हिंसा के तुम विरोधी हो, युद्ध के तुम पक्षपाती नहीं हो। शांति का तुम्हारा संदेश है; तो फिर तुम कैसे राजी होतेहो—इस स्त्री को पत्थर मारकर मार डालने के लिए! यह तो हत्या है। यह तो घृणा है। तो हम दोनों तरह से

जीसस को फांस लेंगे।

लेकिन लोगों को पता नहीं था कि जीसस को फांसना मुश्किल है। जिसके पास मन नहीं, उसको फांसना बहुत मुश्किल है। क्योंकि मन ही फंसता है। उन्होंने जाल तो फेंका—बढ़िया। सीधा—तार्किक जाल था, क्योंकि दोन ही उपाय थे : या तो कहो कि पुरानी किताब ठीक है, स्त्री को मार डालें; तो भी फंसते हो। या कहो कि पुरानी किताब गलत है और स्त्री को माफ कर दो; प्रेम करो, सन्मान करो; निर्णय मत करो, जज यी नॉट, तो फिर हम तुम्हे भी मारे डालते हैं; क्योंकि पुरानी किताब के तुम भी दुश्मन हो! तो जैसा व्यभिचार इस स्त्री ने किया है, वैसे ही अनाचार को तुम फैलाना चाहते हो। तुम भी पाप के साथी हो।

लेकिन जीसस ने क्या कहा? जीसस ने कहा कि 'पुरानी किताब बिलकुल ठीक है। मैं पुरानी किताब को नष्ट करने नहीं आया हूं। मैं पुरानी किताब को सिद्ध करने आया हूं। लेकिन पुरानी किताब में एक बात छूट गई है, जो मैं तुम्हें बताता हूं। और वह यह है कि पहला पत्थर वही आदमी मारे, जिसने कभी व्यभिचार न किया हो और व्यभिचार का विचार न किया हो। उन आदमियों को तो हक नहीं हो सकता पत्थर मारने का, जो खुद व्यभिचारी हैं। जो तुम्हारे भीतर व्यभिचारी न हो, वह आगे आ जाये।' तो जो सामने खड़े थे—बड़े-बूढ़े, पंचायत के प्रमुख, गांव के मुखिया, वे भीड़ में पीछे सरकने लगे। क्योंकि भीड़ एक-एक को जानती थी।

छोटे गांवों का एक मजा भी था और एक खतरा भी। क्योंकि हर आदमी, हर आदमी को जानता था। बड़े गावों में तुम शकलें झूठी बना सकते हो; छोटे गावों में तो बहुत मुश्किल है। छोटे गावों में तुम्हारा हर दांव-पेंच सब को पता है। छोटे गांव में कुछ भी छिप नहीं सकता है। हर आदमी की जि दगी खुला अखबार है। लोग इतने करीब-करीब हैं कि 'तुम क्या करते है'—यह हर आदमी जानता है, कौन वेश्या के घर जाता है, कौन पराई स्त्री के प्रेम में है, कौन क्या कर रहा है—सबको पता है।

छोटे गांव में एक परिवार जैसा संसार है, जहां छिपाना मुश्किल है। इसका फायदा भी है और खतरा भी है। खतरा यह है कि कोई प्राइवेसी, कोई निजता, कोई स्वतंत्रता छोटे गांव में संभव नहीं है। छोटे गांव में एक तरह की पराधीनता है और गुलामी है। दुनिया में व्यक्ति-स्वतंत्रता आयी—बड़े गावों के बनने के बाद। छोटा गांव खतरनाक है; हर आदमी के पंजे तुम्हारी गरदन पर हैं। तुम कोई निजता का

जीवन नहीं जी सकते। कुछ भी प्राइवेट नहीं है, सब पब्लिक है।

गांव छोटा था। हर आदमी हर दूसरे आदमी को जानता था। कोई आदमी दावा नहीं कर सकता था कि मैंने कभी व्यभिचार नहीं किया। पूरा गांव कहता कि 'अरे! हमारे सामने, और यह कहने की हिम्मत कर रहे हो?' न केवल लोग पीछे हटने लगे, लोगों के हाथ में जो पत्थर उठ गये थे, वे भी गिर गये। थोड़ी देर में भीड़ नदारद हो गई। वे जो मारने आये थे—व्यभिचारिणी स्त्री को, वे जा चुके थे; क्योंकि उनमें एक भी पत्थर उठाने के योग्य न था।

अकसर ऐसा होता है कि पापी ही पापियों को मार डालने को उत्सुक होते हैं। पुण्यात्मा तो पापी को मारने का विचार भी नहीं कर सकता। सच तो यह है कि पुण्यात्मा, पापी पापी है यह निर्णय भी नहीं दे सकता। वही पुण्य की प्रतिभा है, वही पुण्य की गरिमा है।

जब सभी जा चुके, वह स्त्री ही बाकी रह गयी—और जीसस उस नदी तट पर, तो उस स्त्री को बोध हुआ कि इस आदमी ने न केवल मुझे बचाया, बल्कि इस आदमी ने ऐसी आंखों से भी मुझे नहीं देखा कि जिसमें निंदा हो, कन्डेमनेशन हो—तो उस स्त्री ने कहा कि 'तुम्हारे सामने मुझे कहने में संकोच नहीं है। मैं स्वीकार करती हूं कि मैं पापिणी हूं; मैं स्वीकार करती हूं कि मैं व्यभिचारिणी हूं।'

ध्यान रहे : जब तुम निंदा से नहीं देखते, तो तुम दूसरे को इस योग्य बनाते हो कि वह अपने पापों को स्वयं स्वीकार कर सके। और जब तुम्हारी आंखों में क्रोध नहीं होता है और जब तुम्हारी आंखों में नरक भेज देने का भाव नहीं होता, तो तुम दूसरे आदमी को सबल बनाते हो कि वह कह सके सत्य; तुम दूसरे को सत्य होने का मौका देते हो; यह भी पुण्य है।

दूसरे को सत्य होने का मौका देना बड़े से बड़ा पुण्य है। लेकिन जब तुम निंदा करते हो, तब तुम दूसरे को, छिपाने के लिए अवसर देते हो; तुम दूसरे को झूठा होने का अवसर देते हो; यह पाप है। इसलिए जीसस कहते हैं : 'तुम निर्णय मत करो, तुम न्यायाधीश मत बनो।' किसने तुम्हें न्या याधीश बनाया है कि तुम कहो : क्या पाप है, क्या पुण्य है? कौन बुरा है, कौन भला है? कौन साधु, कौन असाधु? तुम चुप रहो।

उस स्त्री ने कहा : 'मैं पापिणी हूं, मैं व्यभिचारिणी हूं। आप जो भी सजा मुझे देना चाहें, दें। यह मेरी गरदन झुकी है।' जीसस ने कहा : 'मैं कौन हूं, तेरा निर्णय करने

वाला ! यह तेरे और तेरे परमात्मा के बीच की बात है। इसमें मैं बीच में खड़ा होने वाला कौन? लेकिन अगर तू सोचती है कि तूने कुछ गलत किया, तो अब उस गलत को मत करना। लेकिन अगर यह तू सोचती है; यह मेरा आदेश नहीं। अगर तू सोचती है कि तूने कुछ गलत किया और यह समझ तेरे भीतर जगी है, तो तू गलत अब मत करना। मैं तुझे पापिणी नहीं कहता और व्यभिचारिणी नहीं कहता। मैं कौन हूं !'

जीसस जैसे व्यक्ति को सभी कुछ सर्वश्रेष्ठ है : पापी भी, पुण्यात्मा भी।

सर्वश्रेष्ठता कोई तुलना से मिली हुई बात नहीं है। सर्वश्रेष्ठता प्रत्येक का स्वभाव है। अगर परमात्मा सभी के भीतर है, तो इस कसाई ने गजब की बात कही; सभी सर्वश्रेष्ठ होगा ही। अगर परमात्मा ही धड़कता है तुम्हारे हृदय में, अगर वही देखता है तुम्हारी आंखों से, तो चाहे तुम चोरी करो और चाहे व्यभिचार, और चाहे तुम मंदिर जाओ, मसजिद जाओ या वेश्यागृह, क्या फर्क पड़ रहा है ! तुम्हारी सर्वश्रेष्ठता अक्षुण्ण है।

तुम्हारे भीतर जो छिपा है, उसके मैले होने का उपाय नहीं। वह सदा धुला हुआ है— सद्यःस्नात—सदा नहाया हुआ है। उसकी पुण्यता में क्षण भर के लिए भी, कण भर की कमी नहीं हो सकती। यही परम ज्ञानी की दृष्टि है—परमहंस की।

अब हम इस कहानी को समझने की कोशिश करें।

'झेन साधक—बनजान—बाजार से गुजर रहा था।' साधक है, अभी सिद्ध नहीं। अभी चल रहा है मार्ग पर, पहुंच नहीं गया है। लेकिन साधक है; सोच नहीं रहा है—साधना के संबंध में।

कुछ लोग साधना के संबंध में सोचकर सोचते हैं कि साधक हो गये ! वे अकसर सोचते रहते हैं : 'ध्यान करना है, प्रार्थना करनी है, संन्यास लेना है।' और सोचते हैं : साधक हैं ! साधना के संबंध में 'सोचने से' कोई साधक नहीं होता; साधना 'करने से' कोई साधक होता है। करने से 'ऊंट' पर वजन पड़ता है; फिर कभी 'तिनका' बिठा देता है। करने से आग पैदा होती है—सोचने से नहीं। और कभी आखिरी उष्णता आ जाती है और आदमी भाप हो जाता है।

बनजान बाजार से गुजर रहा था। पहली बात : बनजान साधक है। वह कुछ कर रहा है, वर्षों से—शायद जन्मों से। वह बैठकर सोचता नहीं रहा है, चला है मार्ग पर। और जैसे आखिरी घड़ी करीब आ गई है। साधक वहां है, जहां सिद्ध पैदा हो

सकता है।

एक न एक दिन वह घड़ी तुम्हारी भी आयेगी। जल्दी आ सकती है, अगर तुम श्रम में अपनी शक्ति पूरी लगा दो; अभी आ सकती है, इसी क्षण आ सकती है, अगर तुम बिलकुल न बचाओ और पूरे के पूरे उसमें प्रवाहित हो जाओ। जितना तुम अपने को बचाओगे, उतनी देर लग जायेगी। क्योंकि बिना तुम्हारे पूरे उतरे घटना नहीं घट सकती।

तुम नदी में उतरते भी हो, तो ऐसे कि जरा-सा पंजा तुमने उतार दिया पानी में और बाकी पूरे तुम नदी के बाहर खड़े हो ! कैसे होगा स्नान? और यह स्नान ऐसा है कि जब तक डूबकर मिट ही न जाओ, तो स्नान हो नहीं सकता। कभी तुम बहुत हिम्मत भी जुटाते हो, तो गरदन तक जाकर खड़े हो जाते हो। बहुत लोग इतनी हिम्मत जुटा लेते हैं—कि गग्दन तक...। इसके आगे डरते हैं। लेकिन असली चीज तो खोपड़ी है; जब तक वह न डूबे, कुछ नहीं डूबता है।

गरदन तक तो सब हिस्सा बेकार है। बेकार इस अर्थ में कि उसके डुबाने से कुछ हल नहीं होता है। उसने कुछ सवाल उठाया भी नहीं है। उसकी वजन से कोई झंझट भी नहीं है। असली झंझट तो खोपड़ी की है। लेकिन खोपड़ी को तुम बचाना चाहते हो।

तो तुम पानी में गरदन तक चले जाते हो, साधना में भी गरदन तक चले जा ते हो और जहां 'गरदन' कटने का वक्त आता है, वहीं से लौट आते हो ! जहां गरदन डूबने का डर पैदा होता है कि अब तो सांस लेना मुश्किल हो जायेगा कि अब तो प्राण गये-गये—अब तो किसी भी क्षण डूब जायेंगे, बस वहीं से तुम भाग खड़े होते हो। मिटने के डर से तुम भाग आते हो। और मिटे बिना कभी कोई पहुंचा नहीं है। जब तक तुम मिटे नहीं, तब तक साधक हो; पर मिटने की चेष्टा कर रहे हो। जिस दिन मिट गये, उस दिन तुम सिद्ध हो।

बनजान बिलकुल 'निन्यानबे डिग्री' का साधक रहा होगा। और जब तक घटना न घटे, तुम बता नहीं सकते कि कब निन्यानबे डिग्री आई। यह मुश्किल है, इसलिए अनप्रेडिक्टेबल है; कोई भविष्य-वाणी नहीं हो सकती है।

मुझसे लोग आकर पूछते हैं कि 'कब तक ज्ञान होगा?' कुछ नहीं कहा जा सकता है; क्योंकि कब तुम निन्यानबे डिग्री पर आओगे, अब तक कोई 'थर्मामीटर' इसकी जांच का नहीं है। क्योंकि यह कोई शरीर की गरमी नहीं है, जिसको नापा जा सके।

यह चेतना की गरमी है, चेतना की उष्णता है। उसको ही हमने 'तप' कहा है। तप का अर्थ है : गरमी—लेकिन भीतर की गरमी। वह शरीर से बिलकुल नहीं नापी जा सकती। और उसके नापने का अब तक कोई उपाय नहीं है; कभी भी नहीं होगा। क्योंकि चेतना अमाप है—मेजरेबल नहीं है।

तो कोई उपाय नहीं है, जिससे हम नापें। कोई तराजू नहीं है; कोई इंच- फीट नहीं है, जिससे हम नापें। कोई उपाय नहीं है।

और फिर डर यह भी है कि निन्यानबे डिग्री से भी कई बार लोग वापस लौट जाते हैं। वापस लौट सकते हैं—निन्यानबे डिग्री तक से। निन्यानबे डिग्री तक से पानी फिर ठंडा हो सकता है। सौ डिग्री हो जाये तो भाप बन जाता है; फिर लौटना मुश्किल हो जाता है, असंभव हो जाता है। क्रांति घट गई।

जब तक क्रांति नहीं घटी, कई बार तुम निन्यानबे डिग्री से होकर लौट आते हो। उबलते हो और फिर कुनकुने हो जाते हो; फिर ठंडे हो जाते हो। तुम्हारी जिंदगी में—तुम भी जानते हो—कई बार ऐसी घड़ी आती है कि कूद जाओ, कूद जाओ। बिलकुल आखिरी घड़ी आ जाती है। फिर कोई छोटी-सी बात, और फिर तुम अपने को संभाल लेते हो। वह संभाल लेना शत्रुता है। तुम समझते हो : तुमने होशियारी की और अपने को बचा लिया ! बचाने में ही भूल हो गई।

यह बनजान 'साधक' था—यह एक बात ध्यान रखना। और दूसरी बात बड़े मजे की है : वह बाजार से गुजर रहा था। क्योंकि झेन कहता है : पूरा संसार बाजार है; भागकर तुम कहीं जा न सकोगे। हिमालय पर भी चले जाओगे, तो भी बाजार से छुटकारा नहीं है। तुम जहां भी रहोगे, बाजा र रहेगा। बाजार तुम्हारे भीतर है; इसलिए भागना मत। भागने में कोई सार नहीं है। समय मत खोना।

भागकर जाओगे भी कहां? जो लोग भी भागते हैं, वे वहीं पहुंचते हैं—जहां से भाग आये थे।

एक बहुत पुरानी सूफी कथा है कि आदमी सुबह-सुबह उठा और उसने अपने नौकरों को कहा, 'मेरे घोड़े को ले आओ। बस, अब बहुत हो गया। यहां मैं बहुत दुखी हूं। इसलिए अब मैं यहां से दूर चला जाना चाहता हूं— फार अवे फ्रॉम हीअर।' नौकर ने कहा, 'मालिक घोड़ा तो मैं तैयार कर दूं। लेकिन आपकी मंजिल क्या है? आप कहां जाना चाहते हैं?' उस आदमी ने कहा, 'तुम समझे नहीं। मंजिल यहीं है। यहां से दूर चला जाना चाहता हूं। यह मेरी मंजिल है—पर यहां से दूर...।'

यह नौकर कोई साधारण नौकर न था; वह एक साधक... बल्कि वह एक सिद्ध पुरुष था।

सूफियों का ऐसा ढंग है कि सूफी अपने को छिपाते हैं; वे अपने को जाहिर नहीं करते। तो कोई चमार की तरह छिपा रहता है, कोई नौकर की तरह। कोई गांव में बावर्ची का काम करता है; कोई बाजार में सामान बेचता है, सब्जी बेचता है।

सूफी प्रकट नहीं करता है। उसके शिष्य भी होते हैं, पर तुम उनका पता नहीं लगा सकते। क्योंकि चमार की दुकान पर बैठकर शिष्य भी चमारी का काम करते हैं—दिन भर। रात को उनको पाठ दिये जाते हैं। दिन भर वे संसार से छिपे रहते हैं; क्योंकि सूफी विचारणा कहती है कि संसार में इतने उपद्रवी लोग हैं कि अगर उनको यह भी पता चल जाये कि तुम शांत हो रहे हो, तो वे सब तरह के उपाय करेंगे कि तुम शांत न हो पाओ ! तो उपद्रवियों को अकारण मौका नहीं देना। उनको अगर यह भी पता चल जाये कि तुम शुद्ध हो रहे हो, तो वे तुम्हें अशुद्ध करने के सब उपाय करेंगे। क्यों? क्योंकि तुम्हारे शुद्ध होने से उनके अहंकार को चोट लगती है कि 'तुम शुद्ध हो गये और हम न हो पाये ! तुमने समझा क्या है?'—कि 'तुम संन्यास ले लिए और हम न ले पाये। खींचकर टांग तुम्हें वापस जगह पर ला देंगे।'

हर जगह उनके मन में प्रतियोगिता है। इसलिए सूफी अपने को छिपाते हैं। इसलिए सूफियों का पता लगाना तुम्हें मुश्किल है, जब तक तुम्हारे पास आंख और कुंजी न हो; जब तक तुम्हें कोई कुंजी न दे, तुम सूफियों का पता न लगा सकोगे। क्योंकि वे जिंदगी में साधारण हैं। वे जिंदगी के बिलकुल सामान्य हिस्से हैं। बाजार में बैठे हैं और बाजार से भागते भी नहीं हैं। और उनका कहना है कि 'जो होना है, वह बाजार में ही हो जायेगा। क्योंकि परमात्मा भी बाजार में है। और बाजार परमात्मा में है। इसलिए तुम कहां भागे जा रहे हो? और जिसे तुम यहां न पा सकोगे, उसे तुम वहां कैसे पाओगे? और एक बड़े मजे की बात है कि तुम जहां भी पहुंच जाओगे, वहीं 'यहां' हो जायेगा।

उस आदमी ने कहा, 'मैं यहां से दूर निकल जाना चाहता हूं।' उसके नौकर ने कहा, 'मालिक तब बड़ा मुश्किल है। मैं कितना ही तेज घोड़ा ले आऊं, आप यहां से दूर न निकल पा येंगे। क्योंकि आप कहीं भी पहुंचेंगे, वहीं 'यहां' होगा। जायेंगे कहां? आप जहां पहुंचेंगे, वहीं 'यहां' होगा।'

उस मालिक ने कहा, 'यह मैंने कभी समझा न था कि तू कोई बड़ा दार्शनिक है !

तू बड़ी ऊंची बातें करता है। तुझसे मैंने कहा है कि तू घोड़ा संभालकर ला, उसे तैयार कर और रास्ते के लिए सामान, भोजन, पाथेय जुटा।' उस नौकर ने कहा, 'यह और भी मुश्किल है मालिक। यात्रा पर जायें, तो ठीक है। लेकिन यह यात्रा ऐसी है कि अंतहीन है। इसमें कोई प्रोवीजन, कोई पाथेय नहीं ले जाया जा सकता। सब चुक जायेगा। आप कभी पहुंच ही नहीं सकते हैं—ऐसी जगह, जो 'यहां' न हो।'

आज तक दुनिया में 'वहां' कौन पहुंचा है ! जहां जाओगे, वहीं 'यहां' हो जाता है। जो तुम्हारे लिए अभी 'वहां' है, पहुंचते ही 'यहां' हो जायेगा। तुम जहां बैठे हो, दूसरे लोगों के लिए वह जगह 'वहां' है; तुम्हारे लिए 'यहां' है।

उस नौकर ने कहा, 'नो वन कैन गो अवे फ्रॉम 'हीअर'—'यहां' से दूर कोई नहीं जा सकता। और जाना हो तो आपकी मरजी। लेकिन पाथेय मत ले जायें। क्योंकि कितना ही पाथेय सा थ हो, कितना ही खाना ले जाओ, वह सब चुक जायेगा। मंजिल तो कभी आनेवाली नहीं, आ ही नहीं सकती। यह रास्ता लंबा ही नहीं है, अंतहीन है।'

बाजार से भागकर तुम हिमालय जाना चाहते हो, तुम 'यहां' से भागकर 'वहां' जाना चाहते हो, तुम वहां पहुंचोगे नहीं। तुम ही बाजार हो; तुम्हारे भीतर बाजार भरा है। तुम जहां भी जाओगे, तुम वहां बाजार खड़ा कर लोगे।

अगर तुम्हारे भीतर लोभ है और हिमालय में तुम बैठे हो—पहाड़ पर, एकांत में और अगर एक हीरा तुम्हारे सामने पड़ा होगा, तो तुम जल्दी से उसे उठाकर अपनी गुदड़ी में छिपा लोगे। या कि तुम उसे पड़ा रहने दोगे। अगर हिमालय पर तुम हीरे को पड़ा रहने दे सकते हो, तो यहां दुकान में, बा जार में बैठकर तुम्हारी क्या चिंता है !

अगर लोभ नहीं है, तो बाजार यहीं खो गया। और अगर लोभ है तो तुम जहां जाओगे वहीं बाजार होगा। तुम बैठोगे तो जरूर हिमालय पर, लेकिन सोचोगे तुम यहां की ही—जहां से तुम आ गये हो। मन पीछे जायेगा या आगे जायेगा। तो फिर सोचोगे कि 'दुकान फिर चलानी है लौटकर। अब की बार वैसी भूल नहीं करेंगे, जैसे पहले की। फिर घर बसाना है। पहले गलत पत्नी चुन ली थी, अब ठीक पत्नी चुन लेंगे। सुख नहीं मिल सका, क्योंकि स्थिति गलत थी; अब स्थिति बदल लेंगे।' इसी ढंग से तो तुम इतने जन्मों से चले आ रहे हो। हर जन्म में तुम यही सोचते हो कि 'अगले जन्म में सब ठीक कर लेंगे। इस बार भूल हो गई, आगे न होने पायेगी।' लेकिन फिर तुम वही भूल करते हो। क्योंकि तुम वही हो, तो तुमसे वही भूलें

निकलती हैं। जैसे वृक्ष से वही पत्ता निकलता है, जो उसमें छिपा है।

'झेन साधक बनजान बाजार से गुजर रहा था। और एक कसाई और एक ग्राहक की बातचीत उसके कानों में पड़ी। और बड़ी अजीब जगह खड़ा था। कसाई की दुकान थी। कोई सोने-चांदी की दुकान होती तो हम समझ भी लेते कि वहां निर्वाण घट गया। कसाई की दुकान के पास घटा ! जिंदगी बेबूझ है। कसाई और एक ग्राहक की बातचीत का टुकड़ा उसके कानों में पड़ा। ग्राहक ने कहा, 'सर्वश्रेष्ठ मांस का टुकड़ा मुझे देना।'

जो भी खरीदने निकलता है, वह सर्वश्रेष्ठ की मांग करता है। खरीददार का मन श्रेष्ठ की मांग करे, यह स्वाभाविक है। मांग ही सर्वश्रेष्ठ की होती है। इसलिए हर मांग दुख में ले जाती है। क्योंकि तुम मांग भी नहीं पाते कि तुम देखते हो, उससे भी श्रेष्ठ कहीं ज्यादा मौजूद है; दुख फिर शुरू हो जाता है। हीरा हाथ में नहीं आता है कि बड़े हीरे दिखाई पड़ने लगते हैं। पद मिल भी नहीं पाता कि उदासी छा जाती है।

मैंने सुना है कि मुल्ला नसरुद्दीन ने विवाह किया। तो जिस दिन उसके विवाह का समारंभ हो रहा था, उसके रिश्तेदारों ने देखा कि वह बड़ा उदास है, जैसे कुछ खो गया हो। उसकी आंखें कहती हैं कि जैसे वह कुछ खोज रहा है। तो उसके एक मित्र ने कहा, 'क्या कुछ खो गया है? कहीं विवाह का छल्ला तो नहीं खो गया?' नसरुद्दीन ने कहा, 'छल्ला तो अंगुली में है। लेकिन तुम पूछते ठीक हो, कुछ खो जरूर गया है—विवाह का उत्साह खो गया है।' और कल तक यह दीवाना था—उसी स्त्री को पाने के लिए ! उस मित्र ने पूछा, 'लेकिन कल तक तुम पागल थे और हम सोचते थे, विवाह करके तुम्हारी खुशी का कोई अंत न होगा !' उसने कहा, 'वह तो ठीक है। लेकिन आज समारोह में जो अनेक स्त्रियां आईं, उनमें कई इससे भी पहुंची हुई हैं; इससे ज्यादा सुंदर हैं। यह स्त्री कभी की फीकी हो गई। अब मैं डर रहा हूं कि आगे क्या होगा।'

पहुंच भी नहीं पाते कि रस खो जाता है। क्योंकि आंखें श्रेष्ठ की खोज कर रही हैं। जब तक आंखें तुलना कर रही हैं, तब तक हमेशा यही होगा : उत्साह खो जायेगा; पहुंच भी नहीं पाये कि उत्साह खो जायेगा। मंजिल मिली नहीं कि दुखी हो गये। इसलिए लोग कहते हैं कि 'इंतजारी में मजा है', वे ठीक ही कहते हैं। वे ठीक इसलिए कहते हैं कि जब तक इंतजार है, तब तक तुम उस चीज में उलझे रहते हो।

जैसे ही मिलना हो जाता है, आंखें और तरफ घूमने लगती हैं—तत्क्षण।

गरीब को जो मजा है धन में, वह अमीर को नहीं है। क्योंकि गरीब के लिए धन उपलब्धि नहीं है; अभी इंतजार है। अमीर को धन मिल गया है; धन में अब कोई रस नहीं है। अब वह कुछ और चाहता है—कुछ और ज्यादा।

ग्राहक हमेशा श्रेष्ठ की मांग करता है। ग्राहक ने कहा, 'सर्वश्रेष्ठ मांस का टुकड़ा ही मुझे देना। उससे कम पर मैं राजी नहीं हूं।' मन कहता है : 'श्रेष्ठतम चाहिए। उससे कम पर मैं राजी नहीं हूं।' कसाई बोला, 'मेरी दुकान में सब कुछ सर्वश्रेष्ठ ही है।' कसाई है, पर उसने बात परम ज्ञान की कही। 'मेरी दुकान में सब कुछ सर्वश्रेष्ठ ही है। यहां कुछ भी नहीं है जो सर्वश्रेष्ठ न हो।' बस, इतना सुनकर बनजान ज्ञान को उपलब्ध हो गया।

अब यह भी कोई बात है ! और यह भी कोई जगह है, जहां ज्ञान को उपलब्ध हुआ जाये ! ठीक है, समझ सकते हैं बोधि-वृक्ष के नीचे बुद्ध ज्ञान को उपलब्ध हुए; बोधि वृक्ष समझ में आता है। लेकिन कसाई की दुकान के सामने ! कसाई की दुकान बोधि-वृक्ष बन गई !

यह समझ में आता है कि कृष्ण के वचन को सुनकर कोई अर्जुन ज्ञान को उपलब्ध हो गया हो। लेकिन कसाई की बात सुनकर बनजान ज्ञान को उपलब्ध हुआ ! कोई तार्किक हिसाब नहीं बैठता। बिठाने की जरूरत भी नहीं है। जैसा बोधि-वृक्ष, वैसी कसाई की दुकान; कोई फर्क नहीं है। कसाई के छप्पर में क्या खराबी है? और बुद्ध भी बोधि-वृक्ष के नीचे बैठे थे, तो किसलिए बैठे थे? सिर्फ छाया के लिए। कोई बोधि-वृक्ष के नीचे बुद्ध होने को तो नहीं बैठे थे ! सिर्फ छाया के लिए ...। कसाई का छप्पर भी उतनी छा या दे सकता है, ज्यादा ठीक से दे सकता है। और कृष्ण ने जो कहा, कृष्ण के मुंह से जो बोला, वही कसाई के ओंठों से भी वह बोल सकता है; क्योंकि सभी ओंठ उसी के हैं।

हो सकता है, यह कसाई एक छिपा हुआ ज्ञानी हो; इसकी पूरी संभावना है।

एक बहुत प्रसिद्ध कसाई की कथा है चीन में; वह सम्राट का कसाई था। और रोज आकर सम्राट के लिए बैल काटता था। सम्राट बड़ा हैरान था, क्योंकि वर्षों से देखता था; देखते-देखते बूढ़ा हो गया था। वह एक ही फरसा था, उसके पास; वह उसपर कभी धार भी नहीं रखता था ! उसने कभी फरसा भी नहीं बदला। और तीस साल से तो यही सम्राट देखता था। वह बूढ़ा हो गया था, लेकिन कभी उसके फरसे

को उसने जानवर में अटकते नहीं देखा।

एक दिन उसने पूछा, 'तू भी अदभुत है; तेरी कुशलता का कोई हिसाब लगाना मुश्किल है ! तू कभी फरसे पर धार नहीं रखता और तू कभी फरसा भी नहीं बदलता?' तो उस कसाई ने कहा, 'जो सभी सिक्खड़ हैं, उनको एक सप्ताह में धार रखनी पड़ती है। जो कुशल हैं, उनको तीन सप्ताह में धार रखनी पड़ती है। लेकिन जो ज्ञान को उपलब्ध हो गया, उसको धार फिर कभी रखनी ही नहीं पड़ती। क्योंकि 'मैं बैल को काटता नहीं। बैल और फरसे के बीच जो खेल चलता है, मैं तो सिर्फ उसका देखनेवाला हूं। जब कोई काटता है, तो फरसे को चोट मारता है। जब कोई काटता है, तो बैल और फरसे के बीच संघर्ष होता है; उसी संघर्ष में धार मर जाती है। मैं काटता नहीं हूं। मैं कौन हूं, काटनेवाला? और बैल कटता नहीं, क्योंकि इस जगत में कुछ भी नहीं कट सकता।'

उस कसाई ने वही कहा, जो कृष्ण ने अर्जुन से कहा : 'नैनं छिन्दन्ति शस्त्राणि—न तो इसे काटा जा सकता— कोई अस्त्र इसे काट नहीं सकता; न आग इसे जला सकती है।' और अर्जुन को तो उन्होंने यही कहा था कि 'तू बेफिक्री से काट, क्योंकि न कोई काटनेवाला है, न कोई कटनेवाला है। एक का ही खेल है। वही छिपा है यहां, वही छिपा है वहां। तू व्यर्थ की चिंता मत ले।'

उस कसाई ने सम्राट को कहा, 'मैं कोई काटनेवाला नहीं हूं। मैं कोई इस बैल से लड़ नहीं रहा हूं। मैं कोई इसका दुश्मन नहीं हूं। मैं कौन हूं, बीच में आनेवाला ! 'वही' इसके भीतर है, 'वही' मेरे भीतर है। वही काटता है, वही कटता है। तो बैल और मेरे फरसे के बीच एक तारतम्य है, एक हारमनी, एक लयबद्धता है। फरसे और बैल के बीच दुश्मनी नहीं है। बैल लड़ता नहीं; फरसा काटता नहीं। बस, फरसा जगह खोज लेता है। और बैल जगह दे देता है। इसलिए धार मरती नहीं है।'

उस सम्राट ने कहा, 'क्या यह कला तू मुझे भी सिखा सकता है?' उस कसाई ने कहा, 'यह असंभव है। कला सिखाई नहीं जा सकती है, सीखी जा सकती है। यह तो मैं अपने बेटे को भी नहीं सिखा सकता हूं। कोई उपाय नहीं सिखाने का, क्योंकि कला के कोई गणित के फारमूले नहीं हैं।'

महान से महान चित्रकार भी यह नहीं बता सकता कि उसकी कला क्या है। वह चित्र बना सकता है, तुम सीख सकते हो—उसके पास बैठकर। शायद जैसे

इन्फेक्शियस—संक्रामक बीमारी होती है, ऐसे तुम उसकी कला को भी पकड़ ले सकते हो।

वही गुरु के पास बैठने का उपयोग है कि वह संक्रामक हो जाये। बैठते-बैठते-बैठते तुम उसकी कला पकड़ लो। लेकिन कला को सचेतन रूप से सिखाने का कोई उपाय नहीं है।

कैसे सिखायेगा कोई चित्रकार कि क्या है—कला की कुंजी? उसको खुद भी ठीक से पता नहीं है। वह खुद मौजूद नहीं होता, वही तो कुंजी है। जब वह बिलकुल खो जाता है बनाने में, तभी तो चित्र बनता है। जब वह होता नहीं है, तभी तो चित्र बनता है।

उस कसाई ने कहा, 'यह मैं नहीं सिखा सकता हूं। लेकिन तुम चाहो तो सीख सकते हो।'

गुरु सिखाता नहीं है, शिष्य सीखते हैं। गुरु बताता नहीं है, शिष्य समझते हैं। गुरु की मौजूदगी एक इशारा है, शिष्य उसको संक्रामक बना लेते हैं; वे गुरु को पी जाते हैं।

कसाई—जिसने यह कहा कि 'मेरी दुकान में सब कुछ सर्वश्रेष्ठ है'—एक छुपा हुआ सूफी रहा होगा, एक छुपा हुआ झेन फकीर रहा होगा। 'यहां कुछ भी नहीं, जो सर्वश्रेष्ठ नहीं।' उसने तो सारे जगत के संबंध में एक वक्तव्य दिया। उसने कहा : 'तेरी नजर की भ्रांति है। यहां तो सभी कुछ सर्वश्रेष्ठ है।'

ये शब्द सुनकर ग्राहक को तो ज्ञान न हुआ; ग्राहक तुम थे। ग्राहक को तो ज्ञान न हुआ; ग्राहक ने तो समझा होगा कि 'बकवास कर रहा है; व्यर्थ की बात कह रहा है। सभी कैसे सर्वश्रेष्ठ हो सकता है? जाहिर है कि कुछ श्रेष्ठ होगा, कुछ श्रेष्ठ नहीं होगा। और अगर सभी सर्वश्रेष्ठ है, तो सर्वश्रेष्ठ कहने का प्रयोजन क्या है! श्रेष्ठता तो निकृष्टता की तुलना में ही होती है। दुकानदार बेचना चाहता है मुझे—कुछ भी, इसलिए सभी को सर्वश्रेष्ठ बता रहा है। सभी दुकानदार बताते हैं।'

ग्राहक ने तो समझा होगा कि 'धोखा देने की तरकीब है।' लेकिन बनजान, जो राह से गुजर रहा था, यह सुनकर ज्ञान को उपलब्ध हो गया। आखिरी तिनका ऊंट पर पड़ गया।

एक बड़ी प्रसिद्ध कहानी है कि जब सारा संसार डूब रहा था, महाप्रलय हो गई, और नोह को परमात्मा ने आज्ञा दी कि तू हर जाति के पशु-पक्षी, हर कोटि के प्राणियों

का एक-एक जोड़ा लेकर नाव में सम्हालकर उस जगह पहुंच जा, जहां कि प्रलय नहीं होगा—एक पहाड़ की चोटी पर। तो नोह ने खबर की सारी प्रकृति में एक-एक जोड़ा आ सकता है नाव में। इतनी बड़ी नाव उसने तैयार रखी थी।

सब जोड़े आये। लेकिन ऊंट तीन एकदम प्रवेश करने लगे। तो नोह ने कहा, 'रुको, तुमने सुनी नहीं खबर कि सिर्फ एक जोड़ा आ सकता है!' ऊंटों ने कहा, 'हमारे मामले में तुम्हें थोड़ा अपवाद करना पड़े।' 'क्योंकि', पहले ऊंट ने कहा, 'मैं वही ऊंट हूं, जो आखिरी तिनके से बैठ जाता है। और अगर मैं न रहा, तो कहावत का क्या होगा!' दूसरे ऊंट ने कहा, 'मैं वही ऊंट हूं, जो कि सूई के छेद से गुजर जाये, लेकिन धनी स्वर्ग के दरवाजे से नहीं गुजर सकता। अगर मैं छूट गया, तो कहावत का क्या होगा?' तीसरे ऊंट ने कहा, 'मैं वही ऊंट हूं, जिसको लोग देखते हैं और कहते हैं कि देखो, ऊंट किस करवट बैठता है। और मैं छूट गया तो लोगों को तापमान का पता चलना मुश्किल हो जायेगा।'

कहते हैं: नोह ने बड़ा सोचा-विचारा और कहा कि इन कहावतों के बिना तो आदमी चल ही न सकेगा। इसलिए कहा, 'अच्छा भाई, तुम तीनों भीतर आ जाओ; तुम्हारे लिए अपवाद है।'

उसमें पहला ऊंट वही था, जिसके बाबत यह कहानी है। जिसने कहा कि 'आखिरी तिनके से जो बैठ जाता है।' यह बनजान उस दिन उसी ऊंट की हालत में था। आखिरी तिनके की तला श थी। और ठीक किया कि बाजार चला गया। ठीक ही करता, कहीं भी जाता। कोई भी घटना—घटना सांयोगिक है—आखिरी तिनका बन सकती थी।

एक कसाई की बातचीत...! क्या हुआ बनजान के भीतर? जब उसने सुना कि कसाई कह रहा है: 'यहां सभी कुछ सर्वश्रेष्ठ है। यह तुम बात ही मत पूछो। यहां हम कुछ बेचते ही नहीं हैं, जो सर्वश्रेष्ठ न हो।' इसको सुनकर बनजान के भीतर क्या हुआ? सारी कोटियां टूट गईं—मन की! जैसे एक परदा हट गया, तुलना मिट गई। कुछ छोटा न रहा, कुछ बड़ा न रहा। कुछ बुरा-भला न रहा। सभी कुछ सर्वश्रेष्ठ हो गया। कंकड़-पत्थर हीरे हो गये; हीरे कंकड़-पत्थर हो गये। जीवन मृत्यु हो गया, मृत्यु जीवन हो गई। साधु असाधु, असाधु साधु हो गये। सब मन की कोटियां डांवाडोल हो गईं। एक महाप्रलय हो गया। उस महाप्रलय में उसने देखा कि मैं खो गया, मेरा मन खो गया। 'यहां सभी कुछ सर्वश्रेष्ठ है।'

मेरे पास लोग आते हैं। उनकी चिंता स्वाभाविक है; वे कहते हैं : जब आप कृष्ण पर बोलते हैं, तो ऐसा लगता है कि कृष्ण सर्वश्रेष्ठ हैं। जब आप लाओत्से पर बोलने लगते हैं, तो ऐसा लगता है कि लाओत्से सर्वश्रेष्ठ हैं। जब आप पतंजलि पर बोलते हैं, तो लगता है कि पतंजलि सर्वश्रेष्ठ हैं। आखिर सर्वश्रेष्ठ कौन है?' तो मैं उनसे कहता हूं : 'इस दुकान में ऐसा कुछ है ही नहीं, जो सर्वश्रेष्ठ न हो। यहां सभी कुछ सर्वश्रेष्ठ है।'

तुम्हारे मन को यह मानना मुश्किल होता है। तुम्हारा मन कहता है : 'अगर कृष्ण सर्वश्रेष्ठ हैं, तो फिर बुद्ध कैसे सर्वश्रेष्ठ हो सकते हैं? क्या कठिनाई है ! कृष्ण ने कोई ठेका लिया है? कृष्ण पर क्या कोई चीज समाप्त हो जाती है? बुद्ध क्यों सर्वश्रेष्ठ नहीं हो सकते? तुम्हारे मन की कठिनाई साधारण है। यह सभी मन की कठिनाई है।

बर्ट्रेन्ड रसेल ने लिखा है कि मैं पैदा तो ईसाई के घर हुआ—हवा चारों तरफ ईसाइयत की थी। लेकिन परिवार नास्तिक था; तो नास्तिकता साथ में पनपी; और हवा चारों तरफ ईसाइयत की थी, तो एक ऐसी घड़ी आ गई कि मैं समझने लगा कि मैं ईसाई तो नहीं हूं ! और ईसाइयत के खिलाफ भी हो गया।

रसेल ने बड़ी कीमती किताब लिखी है : 'ह्वाय आई एम नॉट ए क्रिश्चियन'। बड़े तर्क, बड़े विचार से लिखी है। फिर भी रसेल ने एक बात स्वीकार की है 'सब करने के बाद मैंने चारों तरफ देखा कि फिर कौन? क्राइस्ट की जगह मैं किसको रखूं? मन खाली-खाली है। तो बुद्ध की प्रतिमा उभरी। बुद्ध प्रीतिकर लगे, कीमती लगे—बहुत कीमती लगे। लेकिन मन में कहीं अचेतन पीड़ा होती है कि जीसस के ऊपर कैसे रखूं ! ज्यादा से ज्यादा करीब रख सकता हूं। बस, एक साथ रख सकता हूं।'

यह पीड़ा क्या है? रसेल की पीड़ा यही है कि उसने कसाई का वचन न सुना। वह उस दुकान से वंचित रह गया, जहां ऐसी अदभुत घटना बनजान को घटी।

एच.जी. वेल्स ने लिखा है कि गौतम बुद्ध से महान पुरुष पृथ्वी पर दूसरा नहीं हुआ। मुझसे कोई पूछे, तो मैं कहता हूं : 'कृष्ण से महान पुरुष पृथ्वी पर दूसरा नहीं हुआ।' फिर कहता हूं : 'बुद्ध से महान पृथ्वी पर दूसरा नहीं हुआ। महावीर से महान पुरुष पृथ्वी पर दूसरा नहीं हुआ।' तब तुम अड़चन में पड़ोगे। क्योंकि तब तुम्हें लगेगा कि तीन-तीन महापुरुष और उनसे बड़ा कोई भी नहीं हुआ ! यह कैसे सही है?

यहां सभी कुछ सर्वश्रेष्ठ है। निकृष्ट परमात्मा में पैदा ही कैसे हो सकता है?

निकृष्ट तुम्हारी ईजाद है। उसने सभी सुंदर बनाया है; कुरूप तुम्हारा दृष्टिकोण है। उसने सभी साधु बनाया है; असाधु तुम्हारे नियमों के कारण पैदा हो गये हैं। तुम्हारे नीति-नियम तुम्हारे शास्त्र—उनके कारण असाधु पैदा हो गये हैं।

उसने बुरा कुछ बनाया ही नहीं; 'बुरा' आदमी की खोज है। यह दिखाई पड़ जाये, यह समझने की बात नहीं है, दिखाई पड़ने की बात है। और दिखाई तब पड़ेगा, जब तुम्हारे ऊंट पर पूरा वजन होगा।

उसी वजन को रोज रखता जा रहा हूं—रखता जा रहा हूं। किसी दिन आखिरी तिनका पड़ेगा; कब पड़ जायेगा, कोई भी कह नहीं सकता; उसी दिन ऊंट बैठ जायेगा। और जिस दिन तुम्हारे मन का ऊंट बैठेगा, उस दिन तुम देखोगे कि जगत इतना हरा है, इतना सुंदर है, इतना ताजा है, इतना नया है—अभी-अभी पैदा हुआ है, जैसे सुबह पड़ी ओस की बूंद हो, कि पहली सूरज की किरण हो—इतना ताजा है। जरा भी बासा नहीं है। और सभी कुछ ताजा है; कुछ भी बासा नहीं है। और एक कोने से लेकर दूसरे कोने तक, इस छोर से लेकर उस छोर तक सभी सर्वश्रेष्ठ है।

मन को जो मिटायेगा, उसे यह दिखाई पड़ेगा। तुम ध्यान किये चले जाओ, आज नहीं कल किसी बाजार से गुजरते समय, किसी कसाई की बात सुनकर जैसे अचानक बिजली कौंध जाये—अंधेरे में और सब कुछ दिखाई पड़ जाये—जहां कुछ दिखाई नहीं पड़ रहा था—ऐसा ही तुम्हें भी दिखाई पड़ जायेगा।

लेकिन बाजारों में घूमने से न होगा यह। बाजारों में तुम घूम ही रहे हो जन्मों से। कसाइयों की दुकानों के पास खड़े होने से भी कुछ न होगा। वहां यह चर्चा भी चल रही हो, तो भी ग्राहक तो वंचित ही रह गया है—जिससे चर्चा हो रही थी। और जिससे कोई बात ही नहीं हो रही थी, वह तो राहगीर था, वह उपलब्ध हो गया!

असली बात है कि तुम्हारा श्रम इतना हो जाये कि तुम बिलकुल टूटने के कगार पर हो, तब यह भी हो सकता है कि यह कसाई कोई ज्ञानी न रहा हो। यह सिर्फ एक पक्का दुकानदार हो। यह कसाई सिर्फ दुकानदार की भाषा बोल रहा हो—ज्ञानी की नहीं। यह भी हो सकता है कि इस कसाई को तो हर चीज बेचनी होती है। हर दुकानदार यही कहता है कि 'हमारे लिए तो सभी सर्वश्रेष्ठ है। तुम जो कहो, वही सर्वश्रेष्ठ है।' जिसको बेचना है, उसके लिए सभी सर्वश्रेष्ठ है। शायद यह सिर्फ एक दुकानदार रहा हो—एक अच्छा सेल्समैन। इसको न ज्ञान से कोई संबंध हो; न इसने जो कहा है, उसके अंतिम अर्थ का कोई पता ही हो। तब तो बात और मजे की हो

जाती है !

जिसने कहा, वह अज्ञानी; और जिससे कहा, वह अज्ञानी। और दो अज्ञानियों के बीच बातचीत का टुकड़ा तीसरे के लिए ज्ञान बन गया ! यह भी हो सकता है।

बंगाल में एक बहुत बड़ा संत हुआ। बूढ़ा हो गया था; काम-धाम से रिटायर हो गया था। सुबह घूमने निकला था। उसके घर का नाम राजा बाबू था। और कोई स्त्री किसी मकान के भीतर अपने बेटे को या अपने देवर को या किसी को उठा रही थी। उसका नाम भी संयोग की बात कि राजा बाबू होगा। राजा बाबू बहुत होते हैं। तो वह कह रही थी भीतर : 'राजा बाबू, उठो। सुबह हो गई। कब तक सोये रहोगे?'

यह बूढ़ा राजा बाबू बाहर से अपनी लकड़ी टेकता हुआ घूमने जा रहा था। दरवाजा बंद था। भीतर स्त्री को इसका कोई पता ही नहीं है; इससे कोई संबंध नहीं है। यह सांयोगिक है : इसका गुजरना। वह अपने किसी बेटे को या देवर को उठा रही है कि 'उठो, राजा बाबू ! सुबह हो गई। कब तक सोये रहोगे?' और ठिठककर यह बूढ़ा आदमी खड़ा हो गया। और इसके कान में आवाज पड़ी कि 'सुबह हो गई, कब तक सोये रहोगे? उठो, राजा बाबू।' कहते हैं : वहां से वह घर न लौटा। वहां से गांव के बाहर एक मंदिर में चला गया। घर के लोग समझाने-बुझाने आये, तो वह हंसता था। और एक ही बात दुहराता था कि 'उठो, राजा बाबू ! सुबह हो गई। कब तक सोये रहोगे? अब बस, बहुत सो लिए !'

तो यह जरूरी नहीं है कि दुकानदार ज्ञानी रहा हो। तब एक आखिरी बात खयाल ले लो : अज्ञानी भी तुम्हें जगा सकता है, अगर तुम्हारी जगने की तैयारी पूरी हो गई है। और ज्ञानी भी कुछ नहीं कर सकता है, अगर तुम्हारी तैयारी पूरी नहीं है। शायद आखिरी बात तुम्हारी तैयारी की है।

कई बार ऐसे गुरुओं के पास लोग ज्ञान को उपलब्ध हो गये हैं, जो गुरु खुद ज्ञान को उपलब्ध न थे। इसलिए तुम इसकी चिंता ही मत करना कि गुरु को ज्ञान मिला है या नहीं। गुरु अज्ञानी थे और उनके पास लोग ज्ञान को उपलब्ध हो गये हैं ! उनकी तैयारी थी।

इससे उलटा तो रोज ही घटता है कि ज्ञान को उपलब्ध गुरु के पास सैकड़ों लोग आते हैं, जाते हैं, कुछ भी उनके जीवन में क्रांति नहीं होती। उनकी कोई तैयारी नहीं है। अंतिम निर्णय तुम्हारी तैयारी से होगा।

अपने को पूरा ही लगा दो, ताकि ऊंट आखिरी तिनके की चोट से किसी भी दिन बैठ जाये। बचाया—कि चूके। बचाना मत, तब किसी भी बाजार में, कोई भी शब्द का टुकड़ा—अनाया स कहा गया वेद बन जाता है। अन्यथा तुम्हारे कान में कोई वेद गुनगुनाता रहे; तुम्हें सिर्फ भिनभिनाहट मालूम पड़ती है; तुम समझते हो कि सब शब्दों की बकवास है।

3

दायित्व की गरिमा और आत्म-सृजन के लिए विद्रोह

एक बादशाह को खयाल था कि उसने जो जाना और माना है, वह सब सही है। एक अर्थ में वह न्यायप्रिय भी था। उसकी तीन बेटियां थीं।

एक दिन राजा ने अपनी सभी बेटियों को बुलाकर कहा : 'मेरी सारी संपदा तुम्हारी होने वाली है। मुझसे ही तुम्हें जीवन मिला और मेरी इच्छा से ही तुम्हारा भविष्य और भाग्य निर्मित होगा।'

दो राजकुमारियों ने तो यह बात मान ली; लेकिन तीसरी ने कहा : 'यद्यपि स्थिति का तकाजा है कि मैं कानून का पालन करूं, तो भी यह नहीं मान सकती कि मेरा भाग्य आपकी मरजी से बनेगा।'

'हम देखेंगे,' यह कहकर राजा ने बागी बेटी को कैद में डाल दिया, जहां वह वर्षों कष्ट झेलती रही। इस बीच उसके हिस्से का धन भी बादशाह और वफादार बेटियों ने मिलकर खर्च कर दिया। और तब बादशाह ने स्वयं कहा : 'यह लड़की अपनी नहीं, मेरी मरजी से कैद काट रही है। इससे स्पष्ट है कि मेरी इच्छा ही उसकी नियति है।'

और प्रजा भी राजा की राय से राजी थी।

बीच-बीच में राजा ने बंदी बेटी से अपनी मनवाने के बहुत उपाय किये, लेकिन सारी यातनाओं के बावजूद राजकुमारी ने विचार नहीं बदला। अंत में राजा ने राज्य के बाहर एक डरावने जंगल में उसको छुड़वा दिया, जहां हिंस्र पशुओं के साथ-साथ ऐसे खतरनाक आदमी भी थे, जिन्हें राज्य देश-निकाले की सजा दिया करता था।

लेकिन जंगल में पहुंचकर राजकुमारी ने पाया कि गुफा घर है और पेड़ों के फल सोने के थाल वाले फलों जैसे ही हैं। फिर उस जंगल की आजाद जिंदगी का क्या कहना ! और उस कुदरती राज्य में कोई भी तो उसके राजा-पिता की आज्ञा नहीं मानता था।

फिर किसी दिन एक भूला-भटका, किंतु समृद्ध यात्री उस जंगल में पहुंचा। वह राजकुमारी के प्रेम में पड़ा, उसे वह अपने देश ले गया और वहां जाकर उसने उससे विवाह कर लिया।

अरसा बाद दोनों उसी जंगल में वापस आये, जहां उन्होंने अपनी बुद्धि, साधन और श्रद्धा के अनुरूप एक नगर बसाया, जिसकी लयबद्ध जिंदगी में वहां के सारे बहिष्कृत पगले घुल-मिल गये। राजकुमारी और उसके पति उसके प्रधान चुने गये।

धीरे-धीरे नये राज्य का यश सारी दुनिया में फैल गया। और उसके सा मने

राजकुमारी के पिता का राज्य फीका पड़ने लगा।

अंत में एक दिन बादशाह स्वयं इस नये नगर को देखने आया। और जब वह सिंहासन के पास पहुंच रहा था, तभी उसके कानों में अपनी ही बेटी के ये शब्द सुनाई पड़े :

'प्रत्येक नर-नारी की अपनी नियति है और अपना चुनाव है।'

ओशो, इस सूफी बोध-कथा का अर्थ क्या है?

सूफी मत एक बगावत है। सभी धर्म बगावतें हैं। धार्मिक होने का अर्थ ही बगावती होना है। और जो विद्रोह नहीं जानता, वह जीवन के परम सत्यों से सदा वंचित रह जायेगा। भीड़ के पीछे चलने वाला मंदिर तक कभी नहीं पहुंच सकता। वह रास्ता अकेले का है। वह मार्ग—बीहड़ और निर्जन है। और उस मार्ग से गुजरने का अर्थ है कि मैं अपनी नियति अपने हाथ में लेता हूं। मैं अपने जीवन का सारा दायित्व अपने कंधों पर लेता हूं।

हम भीड़ के साथ राजी होते हैं, क्योंकि वह सुविधापूर्ण है। और धर्म का सुविधा से क्या संबंध ! धर्म तपश्चर्या है।

हम समाज के पीछे चलते हैं; क्योंकि यही आसान है। इसमें उपद्रव कम है, मुसीबत नहीं है। भीड़, समाज, समूह, राज्य, राष्ट्र के साथ तुम जितने एक हो जाते हो, उतने ही तुम अपनी निजता को खो देते हो। और धर्म का मूल्य निजता का मूल्य है।

तो पहली बात यह समझ लेना कि धर्म का अर्थ ही यही होता है कि मैं समा ज से अपने को मुक्त करूं। मैं एक अंधे की भांति भीड़ के पीछे न चलूं।

भीड़ का एक मनोविज्ञान है और भीड़ के पीछे चलने की बड़ी सुविधाएं हैं। इसीलिए तो सारे लोग भीड़ के पीछे चलते हैं। पहली सुविधा तो यह है कि उत्तरदायित्व अपना नहीं रह जाता।

कहा जाता है कि अकेला आदमी इतने भयंकर पाप कभी नहीं कर सकता, जितना भीड़ में सम्मिलित होकर कर सकता है। अकेला मुसलमान मंदिर को जला नहीं सकता; लेकिन मुसलमानों की भीड़ में मंदिर जलाया जा सकता है। अकेला हिंदू मुसलमानों की हत्या नहीं कर सकता है; लेकिन हिंदुओं की भीड़ में व्यक्ति खो जाता है। भीड़ के एक-एक आदमी से पूछो कि 'जो तुमने किया है, क्या वह ठीक था ?' अकेले में वह सहमेगा। शायद कहेगा कि 'भीड़ के साथ मैं कर गुजरा। करना ठीक तो नहीं था।'

भीड़ में तुम अपने से कम हो जाते हो। भीड़ में जो सबसे नीचा आदमी है, वह अपने तल पर सभी को खींच लेता है, जैसे पानी एक सतह में हो जाता है। तुम पानी बहाओ तो जो निम्नतम पानी का तल है, वह सारे जल का तल हो जायेगा। क्योंकि कोई पानी का हिस्सा ऊपर नहीं रह सकता।

तो भीड़ में कभी भी महापुरुष पैदा नहीं होता। हो नहीं सकता। क्योंकि भीड़ में जो आखिरी आदमी है, उसके तल पर सभी को आ जाना पड़ता है। महापुरुष सदा एकांत में पैदा होता है। इसलिए महावीर को जंगल जाना पड़ता है। इसलिए बुद्ध को एकांत चुनना पड़ता है। इसलिए मुहम्मद और मूसा को पहाड़—रेगिस्तान में प्रवेश कर जाना होता है। इस दुनिया में जो भी वैभवपूर्ण व्यक्तित्व पैदा हुए हैं—ईश्वरीय जिनकी क्षमता है, वे सब एकांत में जन्मे हैं।

भीड़ ने आज तक एक भी महावीर, एक भी बुद्ध, एक भी कृष्ण पैदा नहीं किया। भीड़ क्षुद्र को पैदा करती है।

भीड़ का नियम तुम समझ लो, वह गणित सीधा है। जैसे पानी अपने नीचे से नीचे सतह पर आकर ठहर जाता है, ऐसे ही भीड़ में चेतना निम्नतम आदमी पर आकर ठहर जाती है। जब भी तुम भीड़ में जाते हो, तो थोड़ा सोचकर जाना। भीड़ से लौटकर तुम हमेशा पाओगे कि तुम कुछ खोकर लौटे हो।

भीड़ में दायित्व खो जाता है, इसलिए बड़ा सुख है—भीड़ का; क्योंकि तुम नहीं कहते कि तुम जिम्मेवार हो। जीवन की सबसे बड़ी कठिन साधना—जिम्मेवारी का अनुभव है। जब तुम्हें लगता है : मैं रिस्पांसिबल हूं, तब चिंता पैदा होती है। क्योंकि जहां दायित्व है, वहां चिंता है, तना व है। भीड़ सारा दायित्व अपने ऊपर ले लेती है।

दूसरे महायुद्ध के बाद नाजी अधिकारियों पर मुकदमे चले। उनके ऊपर खतरनाक अपराध थे। ऐसे खतरनाक अपराध आदमियत के इतिहास में कभी भी किए नहीं गये थे। लाखों यहूदी उन्होंने जलाये थे। लेकिन उन्होंने क्या कहा? उन्होंने यह भी नहीं कहा कि अपराध उन्होंने नहीं किए। उन्होंने कहा : 'हमने तो सिर्फ आज्ञा का पालन किया है। ऊपर से जो आज्ञा मिली है, हमने उसका पालन किया। हम तो सिपाही हैं।'

जब तुम आज्ञा का पालन करते हो, तब तुम्हारा कोई दायित्व नहीं रहता। इसलिए हम सैनिक को आज्ञा-पालन सिखलाते हैं—ओबीडियन्स। क्योंकि उनसे ऐसे काम

करवाने हैं, जो कि अकेला, अपनी निजता के कारण तो वह कभी न कर सकेगा; उससे हमें पाप करवाना है; उससे हमें आदमियों की हत्याएं करवानी हैं; उससे निर्दोष बच्चों को जलवाना है; उससे ऐसे सोये नगर पर बम गिरवाने हैं, जिनका कोई भी कसूर नहीं है।

जिस आदमी ने हिरोशिमा पर एटम बम डाला, वह रात बड़े मजे से वापस लौटकर सोया ! एक लाख बीस हजार आदमी जलकर राख हो गये; जिनमें से एक आदमी से भी उसकी कोई निजी दुश्मनी न थी; जिनमें से एक आदमी ने भी उसका कभी कुछ बिगाड़ा न था; जिनमें से किसी आदमी से उसका कोई संबंध न था। लेकिन एक लाख बीस हजार आदमी क्षण भर में राख हो गये और आदमी वापस आकर आरा म से सो गया ! और जब सुबह पत्रकारों ने उससे पूछा कि 'क्या तुम रात आराम से सोये?' तो उसने कहा : निश्चित; क्योंकि कर्तव्य पूरा किया। फिर मैं निश्चिंत आकर सो गया।' इस आदमी को रात जरा भी चिंता न जगी ! तुम जानकर एक छोटे से कीड़े-मकोड़े को पैर के नीचे दबा दो, तो भी चिंता पैदा होती है। चिंता तभी पैदा होती है, जब दायित्व होता है—जब तुम्हें लगता है : मैं जिम्मेवार हूं। जब तुम्हें लगता है : मैं जिम्मेवार ही नहीं हूं; ऊपर से किसी ने आज्ञा दी; मैंने पूरी की—तुम्हें चिंता नहीं होती। और बड़ा मजा यह है कि ऊपर जो बैठा है, उसको भी आज्ञा कहीं और से मिलती है !

तुम जिम्मेवार आदमी को पकड़ ही नहीं सकते भीड़ में कि कौन ि जम्मेवार है। अंततः कौन जिम्मेवार है? कोई जिम्मेवार नहीं है। इसलिए दुनिया में इतना महापाप चलता है। और यह महापाप तब तक चलता रहेगा, जब तक एक-एक व्यक्ति अपने कृत्य के लिए स्वयं को जिम्मेवार नहीं समझता है।

भीड़ के साथ जैसे ही तुम खड़े हो जाते हो, तुम्हारी चिंता मिट जा ती है; तब तुम व्यक्ति नहीं हो, तुम हिंदू हो। तब तुम आदमी नहीं हो, तुम मुसलमान हो। तब मनुष्यता तुम्हारे भीतर बुझ जाती है। तब तुम भारतीय हो, पाकिस्तानी हो—आदमी नहीं हो। और धर्म का संबंध तुम्हारी आदमियत से है। इसलिए धर्म डिसओबीडियेन्स है। यह थोड़ा समझना पड़े।

धर्म बगावत है। सैनिक और संन्यासी बिलकुल विपरीत हैं, दो छोर हैं। सैनिक है—आज्ञा का अनुसरण, पालन, ओबीडियेन्स। संन्यासी है—डिसओबीडियेन्स—समस्त आज्ञाओं का उल्लंघन। सैनिक और संन्यासी

विपरीत छोर हैं। इनसे ज्यादा विपरीत छोर तुम न खोज सकोगे।

क्योंकि सैनिक कहता है : 'जो आज्ञा।' जो आज्ञा हो, उसे वह यंत्रवत पूरी करता है। वह जरा भी अनुभव नहीं करता कि मेरा कोई हाथ है या मेरा कोई पाप है। मेरा कोई जुम्मा नहीं है। मैं तो एक यंत्र हूं। तुम आज्ञा देते होः 'लेफ्ट टर्न', तो लेफ्ट टर्न हो जाता हूं। तुम कहते हो : 'रुक जाओ', तो मैं रुक जाता हूं। और सैनिक यंत्रवत होते चले जाते हैं। क्योंकि जितनी बड़ी चेतना पैदा करनी हो, उतना बड़ा दा यित्व लेना जरूरी है।

विलियम जेम्स एक दुकान पर बैठा हुआ था; बड़ा मनोवैज्ञानिक था; और अपने एक मित्र से बात कर रहा था कि सैनिक कैसे धीरे-धीरे यंत्रवत हो जाता है। तभी बाहर एक सैनिक जा रहा था—अंडों की एक टोकरी सिर पर लिए। और विलियम जेम्स ने जोर से चिल्लाकर कहा : 'अटेन्शन।' वह आदमी टोकरी को छोड़कर अटेन्शन खड़ा हो गया। सारे अंडे रास्ते पर फूटकर बिखर गये। वह आदमी बहुत नाराज हुआ। उसने कहा : 'किसने यहां अटेन्शन कहा है? किसने कहा : सावधान?' उस आदमी को सेना छोड़े दस साल हो चुके थे; वह रिटायर्ड सैनिक था। पहले महायुद्ध के समय की घटना है। लेकिन विलियम जेम्स ने कहा कि 'हमें हक है, हम कुछ भी कहें। तुम्हें क्या जरूरत है सुनने की या तुम्हें क्या जरूरत है मानने की?' उसने कहा : 'यह हमारे बस में थोड़े ही है। जब सुना : सावधान, अटेन्शन। तो यंत्रवत खड़ा हो गया। यह कोई होश का सवाल नहीं है, बेहोश आदत है।'

सैनिक की पूरी तैयारी बेहोशी के लिए है। क्योंकि होश बढ़े तो फिर वह पूछेगा कि 'इस जिस आदमी को मैं गोली से छेद रहा हूं, इसने बिगाड़ा क्या है? जिस आदमी को मैं मार डाल रहा हूं, इसका कसूर क्या है? अगर सोचेगा तो खतरा है। अगर विचारोगे तो मुश्किल है।

अंधे की तरह अनुसरण—सैनिक का लक्षण है। उतना ही कुशल सैनिक होगा, जितना मुर्छित होगा। इस मूर्छा को पैदा करने के लिए बड़ा आयोजन करना पड़ता है।

वर्षों तक हम सैनिक को लेफ्ट-राइट करवाते हैं। कोई भी नहीं पूछता कि 'यह क्यों? आखिर जिंदगी इस मूर्खता में क्यों खराब की जा रही है?' लाखों लोग जमीन पर सिर्फ लेफ्ट-राइट कर रहे हैं—बायें घूमो, दायें घूमो—और वर्षों तक रोज घंटों

कर रहे हैं। लेकिन इसके पीछे राज है। यह व्यर्थ नहीं हो रहा है; यह जान-बूझकर करवाया जा रहा है। क्योंकि इस आदमी की चेतना को क्षीण करना है; इसे यंत्रवत बनाना है। इसे मूर्खतापूर्ण आज्ञाओं को मानने के लिए राजी करना है। इसे अर्थहींन आज्ञा के लिए राजी करना है। जब कहा जाता है : 'बायें घूमो', तो सैनिक यह नहीं कहता कि 'क्यों घूमूं? जरूरत क्या है?' घूमना है यानी घूमना है। प्रश्न नहीं उठाना है। अगर सैनिक ने प्रश्न पूछा, तो वह किसी काम का नहीं है।

मैंने सुना है कि एक दार्शनिक एक बार सेना में भरती हो गया। सोच-विचार का आदमी था; सेना के बिलकुल योग्य नहीं था। क्योंकि सोचने विचारने वाले की कहां सेना में जरूरत है ! तो जब उससे कहा गया : 'बायें घूमें', तो सारे लोग घूम गये; वह खड़ा ही रहा। तो उसके सेनापति ने पूछा : तुम अब खड़े किस लिए हो?' तो उसने कहा : 'मैं सोच रहा हूं कि क्यों बायें घूमूं? क्या प्रयोजन है? कोई कारण नहीं दिखाई पड़ता है ! और बिना सोचे मैं कुछ भी नहीं कर सकता हूं। जब तक मैं सोच न लूं, जब तक मैं निर्णय न करूं, तब तक मैं कुछ भी नहीं कर सकता हूं। मैं बायें भी नहीं घूम सकता हूं।'

बड़ी कोशिश की गई, लेकिन व्यर्थ था—उस आदमी को बायें-दायें घुमाना। लेकिन वह भरती तो हो गया था; तो उसे सैनिकों का जो भोजनालय था, वहां रख दिया गया। पहले ही दिन उसको मटर के दाने अलग-अलग करने को दिये गये—कि बड़े दाने अलग, छोटे दाने अलग। घंटे भर बाद जब उसका सेनापति आया, तब वह आंख बंद किये—ध्यान-मग्न मटर के दानों को सामने रखे बैठा था। अभी उसने काम शुरू नहीं किया था ! उसके सेनापति ने उसे हिलाया और कहा : 'क्या कर रहे हो? यह छोटा-सा काम भी नहीं होता?' उसने कहा : 'मैं सोच रहा हूं कि कुछ दाने बड़े हैं—माना; और कुछ दाने छोटे हैं, वह भी माना। कुछ मंझोले हैं—उनको किस तरफ करना है? और जब तक साफ न हो जाये, तब तक मैं हाथ नहीं हिला सकता।'

इस आदमी को सेना के बाहर निकालने के सिवाय और कोई उपाय न था। क्योंकि जो इतना सोचता हो, इसको मूर्खतापूर्ण कृत्यों में लगाया नहीं जा सकता। इसलिए जितनी कम बुद्धि हो, जितना कम विचार हो, उतना अच्छा सैनिक तैयार होता है।

सोच-विचार सैनिक की जरूरत नहीं है, अयोग्यता है। क्योंकि सोच-विचार का

अंतिम अर्थ : दायित्व का बोध है; कि मैं जिम्मेवार हूं और अंततः मुझे पूछा जायेगा कि 'तुमने यह क्यों किया।' और तब मैं क्या कहूंगा। परमात्मा के सामने मैं क्या कहूंगा? यह हत्या मैंने की? यह बम मैंने फेंका? सैनिक कहेगा : 'आज्ञा थी; मैं तो कुछ भी नहीं हूं। जो आज्ञा थी, वह मैंने पूरी की। मेरी कोई जिम्मेवारी नहीं है, मेरा कोई पाप नहीं है।'

संन्यासी इससे विपरीत छोर है। संन्यासी कहता है : आंख की पलक भी मेरी हिलती है और उससे भी अगर कोई कीटाणु मर जाता है, तो वह मेरा जिम्मा है। रास्ते पर मैं चलता हूं और चींटी दब जाती है, तो वह मेरा दायित्व है।

एक तरफ महावीर जैसा संन्यासी है : पैर फूंक-फूंककर रखता है—जो गीली जमीन पर पैर नहीं रखता है, क्योंकि गीली जमीन पर कीटाणुओं के होने की संभा वना ज्यादा है—जो सूखी जमीन पर मल-मूत्र विसर्जन करता है, क्योंकि गीली जमीन पर कीटाणु दब सकते हैं, मर सकते हैं; जो रात में करवट नहीं बदलता है, क्योंकि करवट बदलने से हो सकता है : कुछ कीड़े-मकोड़े इस बीच आ गये हों और तुम करवट बदलो और रात में वे दब जायें, तो जो एक ही करवट सोता है; जो रात में चलता नहीं, क्योंकि अंधेरे में किसी के जीवन को खतरा है; 'जिम्मेवार मैं हूं।' यह महावीर संन्यास की परम प्रतिमा है।

संन्यास का अर्थ हुआ कि सारा दायित्व मेरा है। मैं बहाने नहीं जुटा सकता कि किसी ने आज्ञा दी। क्योंकि अंततः 'आज्ञा दी'—यह सवाल नहीं है, तुमने मानी—यह सवाल है।

जिस आदमी ने हिरोशिमा पर बम फेंका, क्या वह यह नहीं कह सकता था कि मैं बम नहीं फेंकूंगा? यह हो सकता था। इसका परिणाम होता कि उसे गोली मार दी जाती। लेकिन ठीक था । वह कह सकता था कि 'मैं गोली से मर जाना पसंद करूंगा, लेकिन एक लाख बीस हजार लोगों को अकारण मारने के लिए मैं तैयार नहीं हूं।' लेकिन तब यह आदमी सैनिक नहीं होता, संन्यासी हो जाता। तब 'इस' दुनिया के सामने भला यह अपराधी होता, लेकिन परमात्मा के सामने इसकी गरिमा का कोई अंत न था। इस पृथ्वी पर शायद इसे कोई भी न पूछता, लेकिन उस दूसरे लोक में यह प्रथम होता।

जीसस ने बार-बार कहा है : जो इस जमीन पर प्रथम खड़े हैं, समझ के रहना कि मेरे परमात्मा के राज्य में वे अंतिम हो जायेंगे। और जो यहां अंतिम खड़े हैं, जिन्हें

कोई पूछता नहीं, वे परमात्मा के राज्य में प्रथम हो जायेंगे।

तो धर्म का पहला सूत्र है : अंधी आज्ञा मत मानना; अर्थ हुआ कि दायित्व दूसरे पर मत डालना।

आज्ञा मानने में मजा यही है कि तब तुम जिम्मेवार नहीं हो। तुम दा यित्व दूसरे पर डाल देते हो; इसलिए दुनिया में इतने अनुयायी हैं। लोग अनुयायी मफ्त नहीं हैं। कोई बेकार ही अनुयायी नहीं बनता। अनुयायी बनने का मतलब है कि सारा दायित्व नेता पर है; हम पर कुछ भी दायित्व नहीं है।

और लोकतंत्र ने बड़ी सुविधा जुटा दी। नेता कहता है कि 'सारा दा यत्व मतदाताओं पर है।' मतदाता सोचते हैं कि 'सारा दायित्व नेता पर है।' आज दायित्व किसी पर भी नहीं है। एक चक्र है, जिसमें हर एक दूसरे की तरफ इशारा करता है। तुम इस दुनिया में अपराधी को पकड़ ही नहीं सकते। इस लिए अपराध बढ़ते चले जाते हैं।

धर्म की मौलिक खोज यह है कि दायित्व तुम्हारा है। अगर तुम चूके और तुमने किसी और को जिम्मेवार बताया, तो वह किसी और को बतायेगा, तो वह किसी और को बतायेगा। फिर दायित्व पकड़ में आने वाला नहीं है।

कर्म का सिद्धांत यही है कि तुम जिम्मेवार हो। कुछ भी करो, तुम बच न सकोगे और बचाव का कोई उपाय नहीं है। इसलिए तुम छोटा-सा भी कृत्य करो, तो जान कर करना कि 'मैं कर रहा हूं।' तुम्हारा भाग्य, तुम्हारी नियति—तुम्हारा ही निर्माण है।

सूफी बगावती लोग हैं। तो यह पहली बात समझ लें, तब यह कहानी आसान हो जायेगी समझना।

दूसरी बात यह समझ लें कि जितना ही तुम सोचोगे कि मैं जिम्मेवार हूं, उतने ही तुम सचेत हो जाओगे, उतनी ही अवेयरनेस बढ़ेगी, उतना ही तुम चौंककर जीओगे, उतनी ही सावधानी सावचेतता रहेगी। जितना ही तुमने सोचा कि कोई और जिम्मेवार है, तुम उतनी ही आसानी से सो सकते हो; तब कोई भय नहीं है।

आधुनिक मनोविज्ञान ने दुनिया में अपराध करने के लिए बड़ी सुविधा जुटा दी। इस सदी में जो बड़ी से बड़ी खोजें हुईं, वे तीन हैं। और इस सदी में जिन तीन खोजों का बड़े से बड़ा परिणाम हुआ है, वे परिणाम हैं : मनुष्य को सारे उत्तरदायित्व से मुक्त कर देना।

एक तो खोज की न्यूटन और उनके साथियों ने—कि जगत नियमबद्ध है : और नियम यांत्रिक हैं। अपवाद कोई हो नहीं सकता। नियम के बाहर जाने का कोई उपाय नहीं है। और हर आदमी एक अंधा अनुयायी है; चाहे वह जाने और चाहे न जाने। मनुष्य है ही नहीं, मशीन है। अगर तुम यंत्र हो, तो कैसा अपराध का भाव! तब तुम्हारी चेतना को कोई पीड़ा नहीं होती। चेतना है ही नहीं; सब यंत्र है, पदार्थ है।

फिर दूसरी खोज की फ्रायड ने और वह खोज यह थी कि जब भी तुम पाप करते हो, तो तुम जिम्मेवार नहीं हो। बचपन से तुम्हें जिस तरह तैयार किया गया है, वह शिक्षण की पद्धति माता, पिता, परिवार—वे जिम्मेवार हैं; तुम जिम्मेवार नहीं हो; माहौल-वातावरण जिम्मेवार है; तुम्हारे आस-पास की हवा जिम्मेवार है। अगर तुम चोरी करते हो, तो तुम कुछ और कर ही नहीं सकते। तुम जिस तरह बड़े किए गये हो, तुम जिस मां के घर पैदा हुए, जिस बाप ने तुम्हें पाला, जिन लोगों के साथ में तुमने सीखा जीवन, बचपन गुजारा, उस सबका इकट्ठा जोड़ है। यह कोई कृत्य नहीं है, जो तुम कर रहे हो। यह फूल है, जो तुममें लग रहा है, और इसके लिए तुम जिम्मेवार नहीं हो।

और तीसरी बात मार्क्स ने कही; उसने कहा कि समाज की आर्थिक परिस्थितियां हर चीज की अंतिम निर्धारक हैं। आदमी चोर है, क्योंकि गरीब है। बेईमान है, क्योंकि भूखा है। शोषण है, इसलिए पाप है। और जब दुनिया में कोई शोषण न होगा, तो कोई पाप न होगा।

इन तीन धारणाओं का प्रभाव है कि आज जमीन पर जितने अपराध हो रहे हैं, उतने कभी भी नहीं हुए थे। और इन अपराधों के सिलसिले को तोड़ना मुश्किल है; क्योंकि यह अपराधी अपने को अपराधी मानता ही नहीं है।

महावीर, बुद्ध, मुहम्मद, कृष्ण, जरथुस्त्र—उनकी सारी शिक्षाएं बिलकुल विपरीत हैं। वे कहते हैं कि हर कृत्य के लिए तुम जिम्मेवार हो। और अगर उनके विश्लेषण को हम समझें, तो वे कहते हैं कि तुम जिस मां-बाप के घर पैदा हुए हो, वह भी तुम्हारा चुनाव है। वह भी तुम्हारी आत्मा ने चुना कि तुम इस गर्भ को ग्रहण करो। वह भी आकस्मिक नहीं है। तुम जिस समाज में आये, वह भी तुम्हारा ही निर्णय है। तुम ब्राह्मण के घर पैदा हुए, कि शूद्र के घर आये, वह भी तुम्हारी आकांक्षाओं का सम्मिलित फल है। जिम्मेवार अंततः तुम ही हो। तुम अगर गरीब हो या अमीर हो,

तो भी यह तुम्हारा ही चुनाव है।

तुम अंततः केंद्र में हो—अपने जीवन के। तुम्हारे सारे कृत्य परिधि पर हैं और तुम निर्णायक की तरह केंद्र में हो।

एक लिहाज से तो यह बड़ा खतरनाक भी लगता है। और भयभीत करने वाला है। क्योंकि सभी चीज के लिए तुम जिम्मेवार हो, तो बड़ी चिंता पैदा होगी। लेकिन दूसरी तरफ से देखने पर यह बड़ी गरिमा की बात है कि तुम ही जिम्मेवार हो। इससे तुम्हारा मूल्य है; तुम कीमती हो। और तुम चाहो, तो क्रांति कर सकते हो। और सारी दुनिया में क्रांति की जरूरत नहीं है—तुम्हारी क्रांति के लिए; तुम अपने को बदल सकते हो। तो एक तरफ से तो चिंता पैदा होती है, दायित्व तुम्हारा होता है; और दूसरी तरफ से तुम्हा री गरिमा प्रकट होती है, महिमा प्रकट होती है।

अगर तुम मार्क्स, फ्रायड और अन्यों को मानकर चलते हो—महावीर और बुद्ध के विपरीत, तो चिंता तो तुम्हारी समाप्त हो जाती है, लेकिन तुम्हारी गरिमा भी खो जाती है। तुम्हें कोई चिंता नहीं है, फिर तुम जैसे हो—ठीक हो। लेकिन फिर तुम्हारी महिमा भी क्या है? तुम्हारी स्वतंत्रता भी चली गई।

तुम्हारी चिंता के साथ तुम्हारी स्वतंत्रता चली जाती है। और तुम्हारी चिंता के साथ ही साथ तुम्हारी स्वतंत्रता बढ़ती है। तो धा र्मिक व्यक्ति प्रगाढ़ चिंता से गुजरता है।

कीर्केगार्ड ने लिखा है कि जैसी ऐंग्जायटी धार्मिक आदमी को होती है, वैसी किसी को नहीं होती। उस चिंता के बाद शांति का क्षण आता है। लेकिन वह आता है—जीवन की क्रांति के द्वारा।

दायित्व दूसरों पर फेंककर भी शांति आती है, लेकिन वह शांति मरघट की शांति है; तब तुम बचे ही नहीं; तुम दो कौड़ी के हो गये। जिस दिन तुमने कहा कि मेरे कृत्यों के लिए कोई और जिम्मेवार है, उस दिन तुम समाप्त हो गये; उस दिन से तुम्हारा कोई मूल्य नहीं है।

तो यह दूसरी बात खयाल में रख लें कि सारे धर्मों का जोर है कि नियति तुम्हारी है; तुम्हारा भाग्य तुम्हारे ही निर्णय का विस्तार है। तुम नियंता हो, तुम मालिक हो, तुम स्वतंत्र हो। तुम जैसे हो—बुरे, भले—तुमने ही बनाया है। और तुम चाहो तो बदल सकते हो। और कल जैसा होगा, वह तुम्हारे आज के निर्णय पर निर्भर है।

कोई दूसरा तुम्हें चला नहीं रहा है; तुम अपने ही पैरों पर चल रहे हो। कोई तुम्हें धका (ढकेल) नहीं रहा है, तुम खुद ही अपनी आकांक्षाओं के बल पर यात्रा कर रहे

हो : यही तुम्हारी महिमा है। तुम मूल्यवान हो; क्योंकि निर्णय का केंद्र तुम्हारे भीतर है।

निर्णय का केंद्र ही आत्मा है। इसलिए मार्क्स और फ्रायड आत्मा को नहीं मान सकते। क्योंकि जब निर्णय का केंद्र ही तुम्हारे भीतर नहीं है, तो कैसी आत्मा !

ये दो बातें खयाल में ले लें, फिर हम इस कहानी के एक-एक शब्द को समझने की कोशिश करें।

'एक बादशाह को खयाल था कि उसने जो जाना और माना है, वह सही है। एक अर्थ में वह न्याय-प्रिय भी था।'

जिनके पास भी शक्ति आ जाती है, उन्हें यह वहम पैदा होना शुरू हो जाता है कि उन्होंने जो भी जाना और माना है, वह सही है। इसीलिए तो लोग शक्ति की इतनी खोज करते हैं। राजनीति की इतनी दौड़ है; क्योंकि सिंहासन पर पहुंच कर तुम जो कहो, वही सत्य हो जाता है।

दुनिया में सत्य की खोज दो तरह से हो सकती है। एक तो, तुम सत्य को खोजने निकलो, तब शायद तुम्हें सब सिंहासन छोड़ देने पड़ें; क्योंकि खोज इतनी कीमती है कि सिंहासनों पर बैठकर, वह हो नहीं सकती है। और खोज इतनी गहरी है कि सिंहासन पर बैठा हुआ व्यक्ति वहां तक पहुंच नहीं सकता। जो सत्य की खोज पर जाता है, वह सिंहासन छोड़ देता है।

एक तो खोज है महावीर और बुद्ध की और दूसरी खोज यह है कि तुम सत्य चाहते हो, सिंहासन पर पहुंच जाओ। क्योंकि सिंहासन पर पहुंच कर तुम जो भी कहोगे—तुम्हारी ताकत की वजह से—लोग उसे सत्य मानेंगे। और तुम्हें भी वहम पैदा होगा कि जब इतने लोग मानते हैं सत्य, तो जो मैं कहता हूं, वह सत्य होना चाहिए।

नेपोलियन का एक प्रसिद्ध वचन है : 'आई एम द लॉ, आई एम द स्टेट—मैं हूं कानून, मैं हूं राज्य। मैं जो कहूं, वही कानून है; कोई और कानून नहीं है।' सिंहासन पर पहुंचे आदमी को यह वहम स्वाभाविक हो जाता है कि 'वह जो कहता है, वही नियम है।'

या तो तुम सत्य के अनुसार हो जाओ और या तुम इतने ताकतवर हो जाओ कि तुम दावा कर सको कि सत्य मेरे अनुसार है। बस, ये दो ही खोजें हैं। राजनीति और धर्म—दो ही यात्राएं हैं। राजनीतिज्ञ कभी धार्मिक नहीं हो पाता है। धार्मिक का

राजनीतिज्ञ होना असंभव है। यात्रा ही अलग है। एक शक्ति की खोज है और एक शांति की। एक सत्य की खोज है और एक सिंहासन की। सत्य की खोज में सूली तो भला मिल जाये, सिंहासन कभी भी नहीं मिलता। और सिंहासन की खोज में सिंहासन ही मिलता है, सत्य कभी नहीं मिलता। लेकिन जिसके पास ताकत है, वह लोगों को झुका सकता है, मनवा सकता है। और उसकी ताकत के कारण इनकार करना असंभव होगा।

ऐसा हुआ कि मोलोतोव—स्टैलिन का एक निकटतम साथी—एक बड़ी राजनीतिक काफ्रेंस में आया हुआ था। कोई दूसरी बात थी, जो स्टैलिन से पूछनी थी, तभी वह उत्तर दे सकता था। वह फोन कर रहा था स्टैलिन को। और एक पत्रकार, जो उससे मिलने आया था, वह कमरे में बैठा था। उधर से स्टैलिन जो भी कहता था, मोलोतोव कहता था : 'यस सर—जी हां, जी हां।' लेकिन एक ऐसी घड़ी आई कि इसने कहा कि 'नहीं, बिलकुल नहीं।' पत्रकार चौंका। क्योंकि स्टैलिन को कहना : 'नहीं, बिलकुल नहीं', असंभव बात है ! और मोलोतोव अनुभवी है कि जिसने 'नहीं' कही, उसकी गरदन गई; वह बचेगा नहीं। तो पत्रकार ऐसे तो सुनता रहा, जब तक मोलोतोव 'जी हां, जी हां' कह रहा था। लेकिन उत्सुक हुआ, जब मोलोतोव ने कहा कि 'नहीं, बिलकुल नहीं—एब्सोल्यूटली नो।'

जब वार्ता पूरी हो गई, तो उस पत्रकार ने कहा : 'अगर आप नाराज न हों...बड़ी उत्सुकता पैदा हो गई है। मुझे मतलब नहीं कि आप किन चीजों में 'जी हां' कह रहे थे। लेकिन किस बात पर आपने कहा कि 'नहीं !' आश्चर्यजनक ! स्टैलिन को—और कोई कहे 'नहीं !' मोलोतोव हंसने लगा। उसने कहा : 'स्टैलिन को 'नहीं' कहना असंभव है। लेकिन स्टैलिन उस समय मुझसे कह रहा था : 'मोलोतोव, तुम निर्णय ले लो।' इसलिए मैं कह रहा था कि नहीं, बिलकुल नहीं।'

जिसके पास शक्ति है, वह तुमसे 'हां' कहलवा सकता है—चाहे वह तुम्हारे हृदय से आये या न आये। लेकिन वह तुम्हें 'हां' कहने के लिए मजबूर कर सकता है। सिंहासन पर बैठे लोगों को भ्रम हो जाता है कि उनके पास सत्य है।

इस सम्राट को भी खयाल था कि जो उसने जाना और माना है, वह सही है। इससे कोई इनकार कभी नहीं कर सकता था। और एक खतरा था कि वह आदमी सिंहासन पर ही नहीं था—शक्तिशाली ही नहीं था—न्याय-प्रिय भी था । और जब कोई आदमी सिंहासन पर भी हो—और साधु हो, तो उससे ज्यादा खतरनाक आदमी

नहीं होता। एक तो सिंहासन ! और ऊपर से सत्य होने का खयाल ! असाधु हो, तो तुम जानते हो कि खयाल है सिर्फ, लेकिन वह शासक हो और साधु भी हो—आदमी अच्छा भी हो—ता बहुत मुश्किल हो जाती है।

बुरे आदमी के हाथ में ताकत उतनी खतरनाक नहीं है, क्योंकि तुम जानते हो कि आदमी बुरा है और अगर हां भी कह रहे हो, तो ऊपर से कह रहे हो। भीतर से तुम इनकार कर रहे हो। लेकिन आदमी अच्छा भी हो, न्याय-प्रिय भी हो, तब अड़चन और ज्यादा हो जाती है। तब तुम भीतर से भी ना कहने में मजबूर हो जाते हो; 'नहीं', नहीं कह पाते हो; तब तुम्हें सब तरफ से 'हां कहनी पड़ती है।

न केवल वह राजा शक्तिशाली था, वरन न्यायप्रिय था। उसकी तीन बेटियां थीं। एक दिन राजा ने अपनी सभी बेटियों को बुलाकर कहा : 'मेरी सारी संपदा तुम्हारी होनेवाली है। मुझसे ही तुम्हें जीवन मिला और मेरी इच्छा से ही तुम्हारे भविष्य और भाग्य का निर्माण होगा।'

दो राजकुमारियों ने तो यह बात मान ली। लेकिन तीसरी ने कहा : 'यद्यपि स्थिति का तकाजा है कि मैं कानून का पालन करूं, तो भी मैं यह नहीं मान सकती कि मेरा भाग्य आपकी मरजी से बनेगा।'

बुद्ध के पिता ने एक दिन बुद्ध से यही कहा था : कहा था कि 'तू मुझसे पैदा हुआ है।' और कहा था—एक विशेष परिस्थिति में। बुद्ध ज्ञानी होकर वापस लौटे गांव, तो बुद्ध के पिता नाराज थे कि छोकरा घर छोड़ कर भाग गया था। और नाराज थे, क्योंकि इकलौता बेटा था, इसका ही सारा साम्राज्य था। और नाराज थे कि जिस परिवार ने कभी भींख नहीं मांगी—लाखों को भीख दी—उसका इकलौता बेटा सड़कों पर पर भीख मांग रहा था। अहंकार को बड़ी चोट लगी थी। और जब बुद्ध गांव में वापस आये, तो बा प नाराज थे।

और ध्यान रहे, अगर आप बाप हैं, तो बेटा बुद्ध भी हो जाये, तो भी पहचानना बहुत मुश्किल है। क्योंकि बाप का मतलब है : ताकत की स्थिति।

बुद्ध के बाप को दिखाई नहीं पड़ा कि यह बेटा इतना रोशन होकर लौटा है, इतना ज्योतिर्मय होकर लौटा है ! बुद्ध के बाप की आंखों में तो क्रोध था। और जहां क्रोध है, वहां दर्पण साफ नहीं होता। देखते ही उसने कहा : 'फेंको यह भिक्षापात्र। बहुत हो चुका यह नाटक। और मेरे द्वार अब भी खुले हैं। बाप का हृदय है, कभी बंद नहीं होता। तुम वापस लौट आओ। और मैं तुम्हें माफ कर दूंगा। यद्यपि तुमने पाप

गहन किया है, माफी के योग्य नहीं है; लेकिन करुणा के कारण, प्रेम के कारण, मोह के कारण, माफ कर दूंगा ।'

बुद्ध ने कहा : 'आप गौर से तो देखें; क्योंकि जो बेटा आपका घर छोड़कर गया था, वही वापस नहीं लौटा है। यह कोई और आदमी है, जो सामने खड़ा है। क्योंकि मैं आपसे निश्चित कहता हूं, वह मर चुका, जो गया था। और जो आया है, इससे उसका कोई भी संबंध नहीं। देह शायद एक हो, लेकिन भीतर का निवासी बिलकुल बदल गया है। मकान पुराना हो, मालिक वही नहीं है। आप एक बार गौर से तो देखें। आप मुझे पहचानने की कोशिश करें।'

बाप ने कहा : 'मैंने तुझे पैदा किया और मैं तुझे पहचानने की कोशिश करूं ! मुझसे भली-भांति तुझे कौन जानता है? मेरा ही खून है, मेरी ही हड्डी-मज्जा है और मैं तुझे जानता नहीं !'

बुद्ध ने कहा : 'आपने मुझे पैदा किया होगा; लेकिन फिर भी मैं आ पसे कहता हूं कि आपने मुझे निर्मित नहीं किया। मैं आपसे गुजरा हूं; आप एक चौराहे थे, जिससे मैं पार हुआ हूं। लेकिन क्या आप सोचते हैं कि जिस रास्ते से यात्री गुजर जाता है, वह रास्ता उस यात्री को जान लेता है? आप सिर्फ रास्ता थे, जिससे मैं आया हूं।'

ये अनहोनी-सी बातें, जो किसी बेटे ने कभी किसी बाप से नहीं कीं—बुद्ध के बाप ने आंखें पोंछी, जो क्रोध की वजह से आंसुओं से भर गयी थीं और गौर से इस युवक को देखा। निश्चित ही जो लड़का घर से गया था, वह नहीं है।

इस तीसरी बेटी ने कहा : 'स्थिति का तकाजा है कि मैं कानून का पालन करूं, तो भी मैं यह नहीं मान सकती कि मेरा भाग्य आपकी मरजी से बनेगा। आप मेरे ि पता हैं, आपने मुझे जन्म दिया है, वह सब ठीक है। यह भ· हो सकता है कि आप मेरे अतीत हैं; लेकिन आप मेरे भविष्य हैं—यह मैं नहीं मान सकती। और भविष्य मेरा स्वतंत्र है; वह आपकी मरजी से नहीं बनेगा। मैं यंत्र नहीं हूं। मेरा भी अपना जीवन है। और मैं मृत नहीं हूं, मैं चेतन हूं।'

'मैं एक स्वतंत्र इकाई हूं?' यह घोषणा ही आत्मा की घोषणा है। इस लिए महावीर ने परमात्मा को इनकार कर दिया। महावीर ने कहा : 'कोई परमात्मा नहीं है दुनिया में।' क्योंकि अगर परमात्मा—परमात्मा यानी पिता—तो फिर बेटे की कोई स्वतंत्रता नहीं हो सकती। और अगर परमात्मा ने बना या है—आत्मा को, तो जो चीज बनाई गई है, वह कल मिटाई भी जा सकती है। इसलिए फिर आत्मा की कोई शाश्वतता

नहीं है।

और अगर परमात्मा ने ही आत्मा को बनाया है, तो प्रयास तुम कितना ही करो—व्यर्थ है; क्योंकि परमात्मा तुम्हारी स्थिति को कभी भी बदल दे सकता है। तुम कितना ही पुण्य करो, वह तुम्हें पाप में डाल सकता है। और तुम कितने ही पाप करो, वह तुम्हें पुण्यात्मा बना सकता है; क्योंकि अंतिम मालिक वही है; उसने—तुम्हें बनाया है।

परमात्मा को धार्मिक लोग पिता कहते हैं—महापिता कहते हैं। सारी दुनिया में वह प्रतीक है : पिता का। यह सोचने जैसा है। साधारण पिता तो इतना ही कह सकता है कि तुम मुझसे पैदा हुए हो। 'मैंने तुम्हें बनाया', यह दावा नहीं कर सकता। अगर बिलकुल अंधा हो तो ही कर सकता है। लेकिन अगर परमात्मा पिता है, तब तो वह यह भी दावा कर सकता है कि 'मैंने तुम्हें बनाया। तुम मुझसे पैदा ही नहीं हुए हो, तुम मेरे ही निर्माण हो।'

सारे धर्म यही तो कथा कहते हैं कि उसने मिट्टी की मूर्ति बनाई, फिर सांस फूंक दी और आदमी निर्मित हो गया। महावीर ने कहा : 'अगर ऐसा कोई परमात्मा है, तो मनुष्य की सारी गरिमा खो जाती है; क्योंकि तब स्वतंत्रता नहीं है। और तब फिर पाप या पुण्य का कोई अर्थ नहीं। फिर मैं अपने को मुक्त करने की चेष्टा करूं, यह भी व्यर्थ है।'

अगर यही सच है कि कोई भीतर से धागे डाल रहा है और मैं कठपुतली की तरह नाच रहा हूं, तो कठपुतली की क्या स्वतंत्रता ! फिर कठपुतली चोर हो कि साधु हो—यह धागे खींचने वाले पर निर्भर है। फिर सब व्यर्थ हो जाता है। फिर यह पूरा जगत एक मूर्खतापूर्ण कथा है, जिसमें कोई सार नहीं है। इसलिए महावीर ने कहा : 'कोई परमात्मा नहीं है। बस, तुम हो।' यह बड़ा सोचने जैसा है।

महावीर ने यह कहा कि 'तुम ही परमात्मा हो।' सूफी भी यही कहते हैं। इसलिए मुसलमान सूफियों पर बहुत नाराज रहे। इसलिए मंसूर जैसे सूफी को मुसलमानों ने सूली पर लटका दिया, मार डाला; क्योंकि सूफियों के पास गहरे से गहरा वेदांत—गहरी से गहरी महावीर की वाणी है। सूफियों के पास—जो गहरे से गहरा धर्म है—वह है।

गहरे से गहरा धर्म, परमात्मा को तुम्हारे भीतर रखता है—आकाश में नहीं। क्योंकि आकाश में अगर परमात्मा है, तो तुम परतंत्र हो। परमात्मा तुम्हारे भीतर हो,

तो ही तुम स्वतंत्र हो, तो ही तुम्हारी मुक्ति कभी संभव है; तो ही मोक्ष का उपाय है अन्यथा गुलामी सदा रहेगी। वह कभी नहीं मिट सकती, अगर परमात्मा ऊपर है।

अगर परमात्मा तुमसे भिन्न है, तो तुम्हारी कोई कीमत नहीं; तुम दो कौड़ी के हो। और जब तुम्हारी कोई कीमत नहीं, तो धर्म का क्या मूल्य है?

सूफी मानते हैं कि 'प्रत्येक व्यक्ति ही अपना नियंता, अपना स्रष्टा है। भाग्य अपने हाथ में है।

यह तीसरी लड़की सूफियों की प्रतीक है; यह सूफियों की प्रतिनिधि है। उस तीसरी लड़की ने कहा : 'स्थिति का तकाजा है।' उसने कहा : 'परिस्थिति तो यही है, सरल भी यही है, सुगम भी यही है कि जैसे मेरी दो बहनें राजी हो गई हैं, वैसे मैं राजी हो जाऊं। लेकिन यह सत्य नहीं है।' और जो परिस्थिति के सामने झुकता है और सत्य को छोड़ता है, वही सांसारिक व्यक्ति है। और जो सत्य को पकड़ता है और परिस्थिति चाहे बदलती हो, टूटती हो, नष्ट होती हो, उसकी चिंता नहीं लेता है, वही संन्यासी है।

तुम परिस्थिति को मूल्यवान समझते हो या सत्य को? इससे ही निर्णय होगा कि तुम गृहस्थ हो या संन्यासी हो। अगर परिस्थिति मूल्यवान है अर्थात संसार मूल्यवान है, घर मूल्यवान है, परिवार मूल्यवान है, पद-प्रतिष्ठा मूल्यवान है, तो तुम गृहस्थ हो। वे दो लड़कियां गृहस्थ की प्रतीक हैं।

तीसरी लड़की—एक संन्यस्त भाववाली लड़की है। उसने कहा : 'स्थिति का तकाजा है कि मैं कानून का पालन करूं। आप जो कहें, वह सत्य है। लेकिन तो भी मैं यह मान नहीं सकती कि मेरा भाग्य आपकी मरजी से बनेगा।'

इसलिए धार्मिक आदमी अकसर बगावती दिखाई पड़ता है—जीसस, बुद्ध या महावीर। और तथाकथित धार्मिक आदमी उसकी हत्या करने को उत्सुक हो जाते हैं। जीसस को जिन्होंने मारा, वे तुम जैसे धार्मिक लोग थे—जो रोज मंदिर जाते हैं, पूजा करते हैं, प्रार्थना करते हैं, किताब को मानते हैं, कानून को मानते हैं। लेकिन 'स्थिति' ऊंची है; और स्थिति से ऊपर उनके भीतर कुछ भी नहीं है। परिस्थिति बड़ी है और मनःस्थिति का कोई अर्थ नहीं है।

उन्होंने जीसस को मारा, क्योंकि जीसस ने घोषणा की मनःस्थिति की और परिस्थिति को दो कौड़ी का कहा। महावीर को पत्थर मारे गये; बुद्ध का अपमान किया गया। वह सब स्वाभाविक है। और जिन्होंने किया—ध्यान रखना—वे कोई

अधार्मिक लोग नहीं थे। अधार्मिक को मतलब ही नहीं है। जीसस को जिन लोगों ने मारा, वे कोई नास्तिक नहीं थे। नास्तिक जो थे, उन्हें तो प्रयोजन ही नहीं था कि जीसस क्या बक रहा है। आस्तिक थे—वे सारे लोग; वे धार्मिक थे।

तो एक तो दिखाई पड़नेवाला तथाकथित धार्मिक है; वह हमेशा आज्ञा के अनुसार चलता है; परिस्थिति को मानकर चलता है, झुककर चलता है। और एक वास्तविक धार्मिक है, वह अपना सिर उठाता है, तो हमें कष्ट होता है।

उस लड़की ने बड़ी बगावत की बात कही; उसने कहा : 'यह मैं नहीं मान सकती कि भविष्य तुम्हारी मरजी से बनेगा।' 'हम देखेंगे' कहकर बादशाह ने बागी बेटी को कैद में डाल दिया, जहां वह वर्षों कष्ट झेलती रही। इस बीच उसके हिस्से का धन भी बादशाह और वफादार बेटियों ने खर्च कर दिया। और तब बादशाह ने स्वयं से कहा : 'यह लड़की—अपनी नहीं—मेरी मरजी से कैद काट रही है। इससे स्पष्ट है कि मेरी इच्छा ही उसकी नियति है।'

लेकिन लड़की क्या सोचती रही होगी कारागृह में? यही मजा है कि जीवन बड़ा जटिल है और तुम अपने अनुसार धारणा बना लेते हो। बादशाह का कहना भी तर्कयुक्त है कि लड़की मेरी मरजी से जेल काट रही है। और लड़की सोचती रही होगी कि 'मेरी मरजी से जेल काट रही हूं। क्योंकि मैं चाहती, तो झुक जाती—परिस्थिति के सामने, आज्ञा मान लेती और आज महल में होती, कारागृह में न होती। यह मेरी ही मरजी है कि मैं कारागृह में हूं।' और बादशाह सोचता रहा, उसका सोचना भी दुरुस्त है, तर्कयुक्त मा लूम पड़ता है कि 'यह मेरी ही मरजी है कि वह जेल काट रही है।' लेकिन अगर तुम गौर करोगे, समझने की कोशिश करोगे, तो लड़की अपनी ही मरजी से जेल काट रही है; बादशाह सिर्फ निमित्त है। दो लड़कियां अपनी ही मरजी से महल में बैठी हैं; बादशाह सिर्फ निमित्त है।

धार्मिक व्यक्ति अपने को निमित्त मानता है—कर्ता नहीं। और अगर दूसरों के जीवन में भी उससे कुछ होता है, तो वह निमित्त मानता है—कर्ता नहीं। वह कहता है : 'मैं सिर्फ नि मित्त हूं।' अधार्मिक व्यक्ति अकड़ जाता है। अहंकार घोषणा करता है कि 'देख, अब तू जेल काट रही है; किसकी मरजी से? तेरा भविष्य कारागृह बन गया मेरी मरजी से।' और अहंकार का तर्क ऊपर से ठीक मालूम पड़ता है, फिर भी ठीक नहीं है। जो भी घटता है, अंततः तुम्हारी ही मरजी से घटता है।

जिस आदमी ने हिरोशिमा पर बम गिराया, यह भी उसकी ही मरजी थी; क्योंकि

यह उसके हाथ में था कि वह आज्ञा माने कि न माने। यह अंतिम रूप से तो तुम्हारी ही मरजी निधा'रक है। दुनिया कितना ही कुछ कहे, आखिर में तो तुम्हीं निर्णय लेते हो कि मैं मानूं या न मानूं; मैं जाऊं या न जाऊं। इसलिए अगर कभी अंतिम कोई अदालत हो—जैसा कि ईसाई कहते हैं, मुसलमान कहते हैं : लास्ट जजमेंट डे—तो ि जस आदमी ने हिरोशिमा पर बम पटका है, वह यह न कह सकेगा कि मैंने आज्ञा मानी; क्योंकि इससे पूछा जायेगा कि आज्ञा मानना या न मानना तेरे हाथ में था या नहीं?

इसलिए तुम अपने को धोखा मत देना। तुम यह मत कहना कि पिता ने कहा, इसलिए मैंने ऐसा किया। तुम यह मत कहना कि समाज ने कहा, इसलिए मैंने ऐसा किया। क्योंकि कोई कुछ भी कहे, आखिरी निर्णायक तो तुम्हीं हो—सदा। अंतिम निर्णय सदा तुम्हारे हाथ में है; उससे तुम नहीं बच सकते।

बादशाह का तर्क ऊपर से ठीक दिखाई पड़ता है, भीतर से भ्रांत है।

मुल्ला नसरुद्दीन से कोई पूछ रहा है कि 'तेरे भाई में और तेरी उम्र में कितना फासला है?' तो नसरुद्दीन ने कहा : 'मेरा भाई मुझसे तीन साल छोटा है और रोज छोटा होता जा रहा है।' वह आदमी थोड़ा चौंका। आधी बात तो ठीक थी कि होगा तीन साल छोटा; लेकिन रोज छोटा होता जा रहा है...! उसने कहा : मैं समझा नहीं। तुम किस हिसाब से कहते हो नसरुद्दीन?' नसरुद्दीन ने कहा : 'रीजनिंग, तर्क। एक साल पहले मैंने सुना कि मेरा भाई किसी को कह रहा था कि वह मुझसे दो साल छोटा है। एक साल बीत गया। अब वह मुझसे तीन साल छोटा है। और ज्यादा देर न लगेगी कि मैं उसके पिता की उम्र का हो जाऊंगा। और कुछ न कहो, अगर ज्यादा जी गया तो उसके बाप के बाप की उम्र का हो जाऊंगा। वह रोज छोटा होता जा रहा है। एक साल बीत गया है और मैं एक साल बड़ा हो गया हूं।'

अहंकार के तर्क सिर्फ अपनी तरफ देखते हैं। मुल्ला बढ़ रहा है; और दूसरा? उसकी तरफ कोई सवाल नहीं है।

राजा ने अपनी तरफ तो देखा कि मेरे निर्णय से यह लड़की पड़ी है कारा गृह में। उसने यह न देखा कि इसका ही अपना निर्णय है अंततः। और यह आज राजी हो जाये, तो महल में आ जायेगी। यह निर्णय भी उसका ही होगा। मैं निमित्त से ज्यादा नहीं हूं।

निर-अहंकार पैदा होना शुरू होता है—जब तुम देखते हो कि दूसरे के लिए तुम

निमित्त हो, सिर्फ अपने लिए कर्ता हो। और जब तुम सोचते हो कि तुम अपने लिए भी कर्ता हो और दूसरे के लिए भी कर्ता हो, तभी भ्रांति खड़ी होती है और अहंकार निर्मित होता है।

अपने लिए कर्ता होने में कोई अहंकार नहीं है; वह तो दायित्व है। और जरूरी है कि तुम्हारे भीतर हो; अन्यथा तुम भटक जाओगे, खो जाओगे, खंड-खंड होकर गिर जाओगे। तुम्हारे पा स जोड़ने वाली कोई चीज ही न होगी। कोई सीमेंट न होगा तुम्हारे भीतर, जिससे तुम इकट्ठे खड़े रह सको। तुम बिखर जाओगे।

अपने लिए तुम कर्ता हो, तुम्हारा भाग्य तुम्हारा निर्णय है। पर दूसरों का भाग्य तुम्हारा निर्णय नहीं है; वे अपने कर्ता हैं। और अगर उनके जीवन में तुमसे कुछ भी संबंध है, तो वह निमित्त का है।

यह 'निमित्त' शब्द बड़ा कीमती है। निमित्त का अर्थ है कि तुम न होते तो कोई दूसरा भी यही करता; कोई तीसरा करता; तुम्हारा होना अनिवार्य नहीं है। किसी से भी यही घटना घट जाती। यह लड़की कारागृह में होती, कोई भी बाप होता। बाप का जो भाव है, कर्ता का जो भाव है, अहंकार जो है, उससे इस लड़की की बगावत हो जाती; यह दुख में पड़ती।

'और प्रजा भी राजा की राय से राजी थी।' प्रजा सदा राजा की राय से राजी है; इसीलिए प्रजा है। जो भी ताकतवर है, उससे वह राजी है।

उन्नीस सौ सत्रह में रूस में क्रांति हुई। उस क्रांति के पहले रूस दुनिया में अधिक से अधिक धार्मिक मुल्कों में से एक था। लोग चर्च जाते, बाइबिल पढ़ते, गले में क्रॉस लटकाते। उन्नीस सौ सत्रह में क्रांति हुई और कम्युनिस्ट ताकत में आये। और कानून की एक लकीर और सारा रूस नास्तिक हो गया। यह चमत्कार है। ऐसा चमत्कार दुनिया के इतिहास में दूसरा दिखाई नहीं पड़ता।

आखिर ये बीस करोड़ लोग, जो कल तक धार्मक थे, चर्च जाते थे—अचानक पादरियों और पुरोहितों को मारने लगे, हत्या करने लगे, चर्चों को आग लगाने लगे! इन्हीं पुजारियों, इन्हीं पूजा करने वालों ने चर्चों को स्कूल में बदल दिया, अस्पताल बना दिया। सब मूर्तियां ईसा की खो गईं। बाइबिलें जला दी गईं—बीच चौराहों पर रखकर। होलियां हो गईं—बाइबिलों की। और ये 'वही' लोग थे !

यह हुआ क्या? इनकी आस्तिकता कैसी थी ! ये आस्तिक नहीं थे। तब ज़ार राजा था। वह आस्तिकता में मानता था। वह अपने को धार्मिक समझता था। उसकी

धारणा थी धार्मिक होने की। ये ज़ार के साथ राजी थे; ये तब प्रजा थे।

जार की जगह लेनिन, स्टैलिन आ गये; ये नास्तिक थे, ये ईश्वर को नहीं मानते थे। ये चर्च के दुश्मन थे। ये कहते थे : 'धर्म अफीम का नशा है।' प्रजा इनसे राजी हो गई। प्रजा सदा राजी होती है। प्रजा का अर्थ है : जिसका अपना कोई निर्णय नहीं। जहां ताकत हो, वह उसके साथ राजी हो जाती है : जिसके पास ताकत हो, वह उससे राजी हो जाती है।

मुल्ला नसरुद्दीन एक सम्राट के यहां नौकर था। उसकी कुशलताएं, उसकी बुद्धिमत्ताएं, उसकी अनहोनी बातें—राजा उससे प्रेम करने लगा। और रोज खाने के वक्त उसे बुला लेता था। एक दिन भिंडी की सब्जी बनी और राजा ने कहा कि 'बड़ी अच्छी सब्जी बनी है।' मुल्ला ने कहा : 'गजब की; भिंडी जैसी तो कोई चीज ही नहीं है। सारा वनस्पति शास्त्र खोज डाला, भिंडी का कोई मुकाबला नहीं। यह तो राजा है—सब्जियों में।'

दूसरे दिन सुन लिया सब्जी बनाने वाले ने। उसने दूसरे दिन फिर भिंडी बनाई; क्योंकि जब ऐसी 'राजा भिंडी' है, तो दूसरे दिन भी बनाई। राजा ने खाई तो, लेकिन कोई चर्चा न की। तो मुल्ला नसरुद्दीन भी चुप रहा। तीसरे दिन फिर भिंडी बनाई गई, तो राजा नाराज हो गया। उसने थाली सरका दी और जमीन पर गिरा दी। उसने कहा : 'यह क्या पागलपन है— रोज भिंडी-भिंडी ! ऊब गया।'

नसरुद्दीन ने उठकर एक लात मारी थाली को और कहा : 'भिंडी ! यह भी कोई खाने योग्य है? यह तो जानवरों के लायक है।' राजा ने कहा : 'नसरुद्दीन ! दो दिन पहले तो तुमने कहा था कि यह सब्जियों में राजा है।' नसरुद्दीन ने कहा : 'मालिक, मैं आपका नौकर हूं, भिंडी का थोड़े ही हूं। जहां हवा बहती है, उस तरफ हम बढ़ते हैं। हमें भिंडी से क्या लेना देना ! भिंडी हमें क्या दे देगी ! आप जहर की प्रशंसा करो, हम जहर को अमृत कहेंगे। हम आपके साथ हैं, चाहे कुछ भी हो जाये। हम आपके नौकर हैं।'

राजा बदल जाता है, प्रजा बदल जाती है। इसलिए प्रजा का कोई भरोसा नहीं है। उसकी अपनी कोई धारणा नहीं है।

बुद्धों का मुल्क, सत्तर करोड़ लोग बौद्ध थे चीन में; माओ ने बदल डाले। बुद्ध की प्रतिमाएं हट गईं। आज चीन में बुद्ध का कोई नाम नहीं लेता। आज कोई नहीं कहता : 'नमो बुद्धाय' ! क्या हुआ?

हजारों साल जिन्होंने बुद्ध की पूजा की थी, जिन्होंने बुद्ध के बड़े-बड़े मंदिर बनाये। दस हजार बुद्धों का मंदिर है चीन में, जिसमें दस हजार प्रतिमाएं हैं—बुद्ध की। इतना विराट मंदिर जगत में कहीं भी नहीं है, किसी का भी नहीं है। जिन्होंने पहाड़ खोद डाले, सदियों तक श्रम किया; अचानक सब व्यर्थ हो गया !

क्या सच में ही ये लोग बौद्ध थे? भ्रांति थी। बौद्ध भिक्षुओं ने इनको बदला नहीं था। बौद्ध भिक्षुओं ने सम्राटों को बदल लिया था। सम्राट बौद्ध हो गया था, तो ये लोग बौद्ध हो गये थे। प्रजा राजा के पीछे चली गई थी। अब सम्राट माओ है, तो ये सब कम्युनिस्ट हैं।

प्रजा के पास अपनी कोई धारणा नहीं है। 'इसलिए प्रजा ने भी कहा कि राजा बिलकुल ठीक है।' राजा सदा ठीक है। जिसके पास शक्ति है, वह ठीक है।

जब तक तुम्हारे पास सत्य की आकांक्षा न हो, तब तक तुम प्रजा के तल से ऊपर न उठोगे। जब तुम सत्य की आकांक्षा से भरोगे, तब तुम शक्ति से नहीं झुकोगे; तब तुम्हारे पा स अपनी धारणा होगी, अपनी जीवन शैली होगी। उसके पहले सब उधार है। उसके पहले 'राजा' के पीछे तुम चल रहे हो। उसके पहले जिसके पास ताकत है, तुम उसके साथ हो।

स्टैलिन के पास ताकत थी, तो स्टैलिन भगवान था रूस में। फिर स्टैलिन की ताकत चली गई। स्टैलिन मरा, ताकत विरोधियों के हाथ में पहुंच गई। ख्रुश्चेव के हाथ में पहुंच गई। तो स्टैलिन को जहां क्रेमलिन में गड़ाया गया था, वहां से लाश हटा दी गई। मरे हुए आदमी की लाश को वापस निकाला, क्योंकि वह बहुत प्रतिष्ठित जगह है—क्रेमलिन का चौराहा। जहां लेनिन की लाश है, उसके बगल में स्टै लिन की लाश थी, वह हटा ली गई। सब किताबों में से स्टैलिन की तस्वीर काट दी गई। और जो कहते थे : 'स्टैलिन भगवान', वे सब चुप रहे।

ख्रुश्चेव ने यह सब किया, फिर ख्रुश्चेव की भी तख्ती पलट गई। फिर ख्रुश्चेव की जगह दूसरे लोग ताकत में आ गये। और लोग भूल गये कि ख्रुश्चेव जिंदा है कि नहीं! ख्रुश्चेव एक देहात में—दूर देहात में, बिलकुल गुमनाम जिंदगी जीने लगा।

लोग बड़े अजीब हैं ! लोग ताकत के पीछे चलते हैं। और जो ताकत का गुलाम है, वह सत्य की खोज कभी नहीं कर सकता। वह कैसे करेगा? क्योंकि ताकत वाला बदल जायेगा, तो सत्य बदल जायेगा। और सत्य कभी बदलता नहीं। सत्य शाश्वत है और शक्ति तो रोज बदलती है। वह तो मौसम की तरह है—सुबह कुछ, सांझ कुछ।

बीच-बीच में राजा ने बंदी बेटी से अपनी मनवाने के बहुत उपाय किये, लेकिन सारी यातनाओं के बावजूद राजकुमारी ने—विचार नहीं बदला। अंत में राजा ने राज्य के बाहर एक डरावने जंगल में उसको छोड़वा दिया, जहां हिंस्र पशुओं के साथ-साथ ऐसे खतरनाक आदमी भी थे, जिन्हें राज्य देश-निकाले की सजा दिया करता था।

लेकिन जंगल में पहुंचकर राजकुमारी ने पाया कि गुफा घर है। और पेड़ों के फल सोने के थाल वाले फलों जैसे ही हैं; शायद और भी बेहतर।

लेकिन यह तभी होगा, जब तुम्हारे भीतर आत्मा का जन्म शुरू हो जा ये, तब सोनेवाले थाल में रखे हुए फल से, वृक्षों से गिरा हुआ फल ज्यादा मधुर, ज्यादा ताजा, ज्यादा स्वस्थ होगा। जब तक तुम्हारे भीतर आत्मा नहीं है, तब तक फल का कोई सवाल नहीं है; सोने के थाल की कीमत है; तब तक जीवन का कोई मूल्य नहीं है, महल का मूल्य है; तब तक प्राण की कोई क्षमता नहीं है, सिंहासन का अर्थ है।

कारागृह में इस युवती ने यातनाएं झेलीं। यातनाओं के सामने जो झुक जाये, उसकी आत्मा मर जाती है। और यातनाओं के जो सामने खड़ा रहे—चुनौती स्वीकार कर ले, न झुके—उसके भीतर आत्मा का जन्म होता है।

ध्यान रखना : यातना बहुमूल्य क्षण है। जब तुम दुख को झेल लेते हो—बिना झुके, तो दुख तुम्हें महान बना जाता है। और जब तुम दुख से झुक जाते हो, मिट जाते हो, तब दुख तुम्हें तिरोहित कर जाता है।

दुख खतरनाक भी है, दुख प्रीतिकर भी है। दुख दुश्मन भी है, दुख मित्र भी है। तुम पर ही निर्भर है अंततः कि तुम उसका कैसा उपयोग कर लेते हो। अगर तुम दुख के सामने खड़े रहे और दुख तुम्हें न मिटा पाया, तो तुम पाते हो कि तुम्हारे पास इतनी शक्ति, इतनी ऊर्जा आ गई, जितनी कभी न थी।

इसे तुम छोटी-छोटी घटनाओं में भी अनुभव कर सकते हो। जब तुम बीमार पड़ते हो, अगर तुम बीमारी से टूट न जाओ, तो तुम पाओगे कि बीमारी के बाद तुम्हारे पास ऐसा ताजा स्वास्थ्य है, जो बीमारी के पहले नहीं था। लेकिन अगर तुम बीमारी से झुक जाओ और टूट जाओ, तो बीमारी भी चली जायेगी और तुम बीमार ही बने रहोगे। बीमारी जा चुकेगी, लेकिन तुम्हें निर्बल कर जायेगी। फिर तुम कभी उस बल को न पा सकोगे, जो बीमारी के पहले था।

खड़े रहने की क्षमता—और जब यातना आये, तब उसका साक्षात करने की क्षमता —तपश्चर्या है। अपने हाथ से भी साधकों ने यातनाएं पैदा की हैं, ताकि वे

उनके सामने खड़े रहें।

महावीर जंगल में खड़े हैं—उपवासे—भूखे। वह भूख अपने हाथ से पैदा की गई यातना है। और महावीर उसके सामने खड़े होकर देखने की कोशिश कर रहे हैं कि—भूख जीतती है या मैं ! भूख जीतती है या चेतना? भूख झुका देती है आत्मा को, कि आत्मा झुका लेती है भूख को? और वे उसी दिन गांव में भोजन मांगने जाते हैं, जिस दिन भूख हार जाती है। तुम भी गये होते गांव में भोजन मांगने; लेकिन उस दिन, जिस दिन भूख जीत जाती। तब बड़ा फर्क हो जाता। इसको थोड़ा खयाल में ले लेना।

कभी महावीर पंद्रह दिन बाद जाते हैं—गांव में भीख मांगने, कभी महीने भर बाद, कभी दो महीने बाद, कभी दो दिन बाद ! राज क्या है? कुंजी क्या है? किस दिन वे जाते हैं—गांव में?

साधारणतः तुम अगर सोचोगे, तो यही सोचोगे कि 'जिस दिन भूख लगती होगी, जिस दिन न सह पाते होंगे भूख को, जिस दिन भूख इतना सता देती होगी कि रुकना मुश्किल हो जाता होगा, उसी दिन उपवास तोड़ते होंगे।' नहीं। अगर तुमने ऐसा समझा तो यह तुम्हारे अपने बाबत खबर है, महा वीर के बाबत नहीं। महावीर भीख मांगने जाते हैं; लेकिन उस दिन, जिस दिन भूख पक्की पराजित हो जाती है।

जिस दिन भूख गिर ही जाती है, जिस दिन भूख मिट ही जाती है और जिस दिन आत्मा निश्चल खड़ी हो जाती है, उस दिन महावीर गांव में भीख मांगने जाते हैं। उस दिन वे भोजन करते हैं, जिस दिन भूख पराजित होती है। कभी महीना भर लग जाता है—उसको पराजित करने में। कभी दो दिन में भी हो जाती है—यह घटना। इसलिए दिन तय नहीं किये जा सकते; अनेक संयोगों पर निर्भर होगा।

वह लड़की यातनाओं को सह गई। उसके भीतर आत्मा पैदा हो गई। आत्मा का अर्थ ही है—यातनाओं के सामने खड़े होने की क्षमता। और जिसमें ऐसी क्षमता आ जाये, उसके जीवन की दृष्टि बदल जाती है।

उसे जंगल में गुफाएं घर जैसी प्रीतिकर लगीं; शायद ज्यादा प्रीतिकर। क्योंकि कोई घर वैसी स्वतंत्रता नहीं दे सकता, जैसी स्वतंत्रता गुफा दे सकती है। घर कितना ही घर हो, एक तरह का कारागृह होता है। उसमें एक परतंत्रता तो होती ही है। गुफा परम स्वतंत्र है। और जंगल में वृक्षों से गिरे हुए फलों की मिठास, उनकी ताजगी और उनका जीवन-रस, सोने की थालियों से पूरा नहीं किया जा सकता।

फिर उस जंगल की आजाद जिंदगी का क्या कहना ! और उस कुदरती राज्य में कोई भी तो उसके राजा पिता की आज्ञा नहीं मानता था। वहां सभी बगावती थे।

ध्यान रहे : अपराधी में और धार्मिक आदमी में थोड़ा-सा तालमेल है। क्योंकि धार्मिक भी बगावती होता है, अपराधी भी बगावती है; इतना तालमेल है। उनकी बगावत की दिशाएं अलग हैं, लेकिन बगावत एक है।

अपराधी भी कानून तोड़ता है; धार्मिक व्यक्ति भी कानून तोड़ता है। अपराधी कानून तोड़कर कानून से नीचे गिर जाता है; धार्मिक कानून तोड़कर कानून से ऊपर उठ जाता है। यह बड़ा भेद है। लेकिन कानून को तोड़ने की प्रक्रिया तो दोनों में है। इसलिए अकसर ऐसा हो जाता है कि वाल्मीकि जैसा अपराधी क्षण में धार्मिक हो जाता है; अंगुलिमाल जैसा हत्यारा क्षण में बुद्धत्व को उपलब्ध हो जाता है।

यह कीमिया कैसे घटित होती है कि अंगुलिमाल या वाल्मीकि जैसा दुष्ट हत्यारा एक क्षण में धार्मिक हो जाता है?

लोग सदियों से पूछते रहे हैं कि अपराधी एक क्षण में कैसे धार्मिक हो सकता है! क्योंकि एक सूत्र दोनों में एक जैसा है, वह है—बगावत का।

बगावत का रुख बदलने की बात है। दोनों 'दौड़ना' जानते हैं; सिर्फ दिशा चुनने की बात है। अपराधी भी दौड़ने में कुशल है। एक दफा उसकी दिशा बदल जाये, तो मंदिर तक पहुंचना कठिन नहीं है।

तुम दौड़ना ही नहीं जानते। वह जो मध्यस्थ आदमी है—जो न अपराधी है और न धार्मिक है—जो प्रजा है—वह दौड़ना नहीं जानती। उसके पैर पंगु हैं। उसको बगावत का कोई पता नहीं। उसने किसी तरह की बगावत नहीं की है। उसको बहुत देर लगती है—धार्मिक होने में।

वहां जितने लोग थे, वे देश से निकाले गये थे और यह लड़की थी। उन दोनों के बीच एक तालमेल था। वे सभी बगावती थे।

फिर किसी दिन एक भूला-भटका किंतु समृद्ध यात्री उस जंगल में आया। वह राजकुमारी के प्रेम में पड़ा। उसे वह अपने देश ले गया। वहां उससे उसने विवाह किया। अरसे बाद दोनों उसी जंगल में वापस आये, जहां उन्होंने अपनी बुद्धि, साधन और श्रद्धा के अनुरूप एक नगर बसाया, जिसकी लयबद्ध जिंदगी में वहां के सारे बहिष्कृत पगले घुल-मिल गये।

यही कल्पना है—सूफियों की, समस्त फकीरों की, संन्यासियों की कि कहीं यह

पृथ्वी एक ऐसा नगर बन जाये, जहां पागल भी स्वीकृत हों, जहां अपराधी भी घुलमिल जायें; जहां साधु-असाधु का भेद न करना पड़े; जहां बुरे और अच्छे में फासला न हो; जहां बुरे भी अच्छे में गति दें और जहां अच्छा भी बुरे में साथ दे; और जहां दोनों दो चाक की तरह गाड़ी को चलायें; जहां दुश्मनी न हो, एक लयबद्धता हो।

और ध्यान रहे : अगर समाज में सभी अच्छे-अच्छे लोग हों...जैसा अब तक कोशिश की गई है—वह सफल नहीं होगी, क्योंकि तुम एक ही चाक से समाज को चलाने की कोशिश करते हो। वह दूसरा चाक बिलकुल जरूरी है। और न तो वह सफल होती है, न सफल हो सकती है। लेकिन अगर कभी सफल हो जाये, तो समाज बड़ा ऊब से भरा हुआ होगा।

तुम थोड़ा सोचो—एक समाज, जहां सभी अच्छे लोग हैं। उस समाज में कुछ भी रस न होगा। अच्छे आदमी की—मनोवैज्ञानिक कहते हैं—कोई जिंदगी ही नहीं होती है। जिंदगी तो बुरे आदमी की होती है। इसलिए तुम एक उपन्यास लिखो—अच्छे आदमी के ऊपर—तुम मुश्किल में पड़ जाओगे।

राम की कथा लिखो—रावण के बिना ! वह कथा रावण की है। पूरी कथा रा वण की है। सारा खेल उस पर खड़ा है। और रावण कह दे : 'नहीं चुराते सीता को', तो राम बेकार हैं। सारी गति, सारा प्राण रावण से आता है। असली नायक रावण है। यह तो हम साधु-चित्त लोगों की चेष्टा है कि रा म को नायक बना दिया है। लेकिन कथा का नायक रावण है; राम परिधि पर हैं।

और यह बड़े मजे की बात है कि शायद रावण तो हो भी सकता है—बिना रा म के; राम नहीं हो सकते हैं। कठिन है—पहली संभावना भी; वह भी नहीं हो सकता। लेकिन शायद इसकी कोई संभावना हो कि रावण राम के बिना हो जाये। क्योंकि हम देखते हैं, इस जमीन पर, रावण तो बहुत हैं, राम दिखाई नहीं पड़ते !

राम नहीं हो सकते, रावण के बिना। और राम की जिंदगी में क्या बचता है, अगर रावण को हटा दो? कुछ नहीं बचता, कोई कथा नहीं बन सकती। इसलिए उपन्यास जिनको लिखना होता है, वे बुरे आदमी के बिना नहीं लिख पाते। और अगर अच्छा आदमी तुम्हारे पास हो, तो चर्चा में भी मजा न आयेगा उससे। क्योंकि बात उसकी सब साधारण है; अच्छी-अच्छी है।

अच्छे आदमी की जिंदगी में 'नमक' नहीं होता और नमक के बिना कोई स्वाद नहीं है। नमक स्वाद है। बुरे आदमी में नमक होता है, तेजी होती है। वह चाहे तिक्त

और कड़वा भी कभी क्यों न हो, लेकिन एक गरिमा होती है।

सूफियों की, धार्मिकों की जो कल्पना है, वह ऐसे समाज की नहीं है, जहां अच्छे आदमी बचें और बुरे समाप्त हो जायें। क्योंकि वह समाज तो बेरौनक होगा, उबानेवाला होगा।

बर्ट्रेन्ड रसेल ने ठीक ही कहा है कि मैं स्वर्ग न जाना चाहूंगा; क्योंकि वहां कहते हैं : सभी साधु-संत पहुंच गये हैं। वहां जिंदगी बड़ी बोरडम होगी। नरक में थोड़ा रस भी हो सकता है। क्योंकि वहां गजब के लोग हैं। जिनको ईश्वर को भी नरक भेजना पड़ता है, वे आदमी गजब के ही हैं ! जिनको क्षमा करने का—उस महाकरुणावान को भी उपाय नहीं है, उनकी बगावत बड़ी गहरी है।

नरक में जरूर गजब की घटनाएं घटती होंगी; क्योंकि सभी उपद्रवी वहां इकट्ठे हैं। स्वर्ग में क्या घटता होगा! वहां लोग अपनी-अपनी सिद्ध-शिलाओं पर बैठे होंगे। और एक दूसरे को देखते होंगे कि वह अपनी सिद्ध-शिला पर बैठा है, हम अपनी सिद्ध-शिला पर बैठे हैं। यह उबानेवाला हो जा येगा। और कहते हैं : यह शाश्वत है।

तो रसेल ठीक कहता है; उसकी बात में जान है कि 'स्वर्ग मैं न जाना चाहूंगा। वहां सब भले आदमी जा चुके हैं।'

तुमने कभी भले आदमी की जिंदगी में कोई रस देखा है? भले आदमी की जिंदगी में रस? असंभव है। तुम्हें बुरा आदमी हंसता हुआ, नाचता हुआ मिल जायेगा। भला आदमी सदा लंबे चेहरे का और उदास होगा। भले आदमी से दोस्ती तक करनी मुश्किल है; वह दोस्ती के योग्य भी नहीं होता।

सूफियों की, ज्ञानियों की कल्पना इस जगत को भले आदमियों का जगत बनाने की नहीं है। उनकी कल्पना इस जगत में एक ऐसी लयबद्धता लाने की है, एक ऐसी रिदम पैदा करने की है, जहां बुरे और भले में विरोध न रह जाये—जहां बुरे और भले एक दूसरे के परिपूरक हों, काम्पलिमेंटरी हों।

और एक ही स्वर से तो संगीत पैदा नहीं होता; अनेक स्वर चाहिए। और एक ही रंग से तो कला निर्मित नहीं होती—अनेक रंग चाहिए। और एक ही रंग का होगा स्वर, तो बेरौनक होगा । लेकिन सभी स्वर दो ढंग से हो सकते हैं।

एक तो हो सकता है कि सभी स्वर एक दूसरे के विपरीत हों; तब कोलाहल पैदा होता है। बाजार प्रतीक है, जहां सभी स्वर चल रहे हैं, लेकिन एक कोलाहल है।

और फिर एक संगीतज्ञ है, एक आर्केस्ट्रा है; वहां भी न मालूम कितने स्वर चल रहे हैं; पचास संगीतज्ञ हैं और सबके बीच एक लयबद्धता है, एक रिदम है। 'आर्केस्ट्रा' और 'बाजार'—ये दो स्थितियां हैं।

अभी संसार बाजार है। धार्मिकों की कल्पना है कि कभी संसार आर्केस्ट्रा बने। वहां हम बुरे का भी उपयोग कर लेंगे। उसको मारेंगे नहीं, काटेंगे नहीं, जेल में नहीं फेंकेंगे। उसका नमक बड़ा कीमती है। वह स्वाद देगा जिंदगी को। उसकी बगावत बड़ी मूल्यवान है। उसकी बगावत मनुष्य को त्वरा देगी, गति देगी, क्षमता देगी। हम उसकी बगावत को आत्म-घात न बनने देंगे। हम फिर उसकी बगावत को आत्म-क्रांति बना लेंगे।

'और फिर अरसे बाद दोनों उसी जंगल में वापस आये, जहां उन्होंने अपनी बुद्धि, साधन और श्रद्धा के अनुरूप एक नगर बसाया। जिसकी लयबद्ध जिंदगी में वहां के सभी बहिष्कृत पगले घुलमिल गये। राजकुमारी और उसके पति प्रधान चुने गये।'

'धीरे-धीरे नये राज्य का यश सारी दुनिया में फैल गया। और उसके सा मने राजकुमारी के पिता का राज्य फीका पड़ने लगा।'

जहां बुरे और भले में जोड़ हो जाये, वहां भला उसके सामने बिलकुल फीका पड़ने लगेगा।

राजकुमारी का पिता न्याय-प्रिय आदमी था। उसने बुरे लोगों को का टकर जंगल में फेंक दिया था; कारागृहों में डाल दिया था। उसने भले लोगों को बचाया था। बगावत के सब अंश तोड़ दिये थे, सब अंकुर दबा दिये थे।

उसका राज्य अच्छा था। लेकिन बेरौनक होगा। और जब यह संगीतबद्ध आर्केस्ट्रा पैदा हुआ—तो जहां पागल भी बहिष्कृत न था, स्वागत था उसका भी। वे उसके पागलपन का भी उपयोग कर रहे थे। वहां उन्होंने बुराई का भी सृजनात्मक उपयोग कर लिया था—तो उसके सामने उसके पिता का राज्य फीका पड़ने लगा।

अंत में बादशाह स्वयं एक दिन इस नये नगर को देखने आया; और जब वह सिंहासन के पास पहुंच रहा था, तभी उसके कानों में अपनी ही बेटी के ये शब्द सुनाई पड़े : 'प्रत्येक नर-नारी की अपनी नियति है और अपना चुनाव है।'

अगर एक अच्छी दुनिया बनानी हो, तो उसका सूत्र यही होगा कि 'प्रत्येक व्यक्ति

की अपनी नियति है और अपना चुनाव है।' अगर एक अच्छी दुनिया बनानी हो, तो वह भीड़ पर नहीं बनेगी, प्रजा पर नहीं बनेगी। अगर अच्छी दुनिया बनानी हो, तो वह प्रत्येक व्यक्ति की गरिमा पर बनेगी।

आज जो दुनिया है, उसमें गरिमा छिन जाती है, बचती नहीं है। सब तरफ गरिमा छीनने वाले लोग हैं। बाप बेटे से छीन रहा है, पत्नी पति से छीन रही है, मालिक नौकर से छीन रहा है। ताकत जिनके पास है, वह ताकतहीनों से छीन रहे हैं। जिनके पास धन है, वे निर्धन से छीन रहे हैं।

सब तरफ छीन-झपट है; गरिमा छीनी जा रही है; किसी को भी व्यक्ति होने का मौका नहीं है। और किसी को आज्ञा नहीं है कि तुम वही हो जाओ, जो तुम होने को पैदा हुए हो। किसी को स्वयं होने की सुविधा नहीं है। सब तरफ धक्के दिये जा रहे हैं कि तुम कुछ और हो जाओ।

मैंने सुना है : एक नाटक की शुरुआत में एक छोटा-सा कुत्ता—बड़ा प्यारा—कुछ खेल दिखा रहा है। उसने कई संगीत की धुनें पैदा कीं। उसने कई गीतों की कड़ियां गुनगुनाईं और लोग बड़े आनंदित हुए, चकित हुए; क्योंकि कुत्ता—और इतने गजब का काम कर रहा था। और तभी बीच में—सभी लोग चौंक गये—एक बड़ा कुत्ता झपट कर आया—परदे के पीछे से और छोटे कुत्ते की गरदन उसने मुंह में ली और उसे लेकर बाहर जाने लगा। जाते-जाते छोटे कुत्ते ने चिल्लाकर कहा : 'यह मेरी मां है। और वह चाहती है कि मैं नाटक में काम न करूं; मैं एक डाक्टर हो जाऊं।'

यहां मां धक्का दे रही है, बाप धक्का दे रहा है, स्थितियां धक्के दे रही हैं : तुम यह हो जाओ, तुम यह हो जाओ, तुम यह हो जाओ।

कोई भी राजी नहीं है कि तुम वही हो जाओ, जो तुम्हारी नियति हो। तुम जो होना चाहो, हो जाओ—ऐसा कोई भी नहीं कह रहा है। इसलिए सब स्वतंत्रता झूठी है।

स्वतंत्रता का एक ही अर्थ हो सकता है—गहरे से गहरा अर्थ—कि प्रत्येक व्यक्ति को स्वयं होने की सुविधा हो।

अब तक जमीन पर ऐसी स्वतंत्रता आई नहीं। अभी तक जितनी स्वतंत्रताएं आई हैं, वे सब नाममात्र को हैं। क्योंकि चेष्टा जारी रहती है—तुम्हें कुछ बनाने की। और जिनको हम अच्छे लोग कहते हैं, जो स्वतंत्रता के लिए लड़ते हैं, उनकी भी चेष्टा होती है कि तुम कुछ बनो—उनके हिसाब से।

सदगुरु वही है, जो तुम्हें इतनी स्वतंत्रता दे कि तुम वही बन जाओ—जो तुम्हारे भीतर छिपा था, वह प्रकट हो; जो तुम्हारे बीज में था, वह तुम्हारे फूल तक आ जाये।

तो पिता ने ये शब्द सुने—अपनी ही बेटी के—कि 'प्रत्येक नर-नारी की अपनी नियति है और अपना चुनाव है, अपना भाग्य है, अपनी स्वतंत्रता है। और प्रत्येक व्यक्ति अपना मालिक है।'

लेकिन तुम दूसरों के मालिक होने में लगे हो, इसलिए अपने मालिक कब हो पाओगे? शायद तुम दूसरों के मालिक होने में इतना रस इसीलिए ले रहे हो कि तुम अपने मालिक नहीं हो पाये हो।

जो व्यक्ति अपना मालिक हो जाता है, वह दूसरे की मालकियत में रस नहीं लेता है। वह क्यों व्यर्थ पंचायत लेगा ! जो व्यक्ति अपना मालिक हो जाता है, उसे इतनी बड़ी मालकियत मिल गई, उसे इतना बड़ा खजाना मिल गया कि वह तुम्हारा मालिक नहीं होना चाहेगा। वह तुम्हें स्वतंत्रता देगा।

इसलिए आत्मवान व्यक्ति ही दूसरों को स्वतंत्रता दे सकते हैं। आत्महीन व्यक्ति दूसरों की स्वतंत्रता छीनते हैं—वे दूसरों को भी आत्महीन बनाते हैं; वे दूसरों से भी रौनक छीन लेते हैं, नष्ट कर देते हैं।

लेकिन यह हो रहा है। हम सब एक दूसरे के पीछे पड़े हैं। और जब तक तुम दूसरे के पीछे पड़े हो, तुम भटकोगे।

तुम अपने पीछे पड़ो। वहीं से साधना शुरू हो जाती है।

और स्मरण रखो कि प्रत्येक कृत्य के लिए तुम्हीं जिम्मेवार हो। और अंतिम गवाही में तुम्हारे अतिरिक्त कोई जिम्मेवार नहीं होगा—तुम्हारी जिंदगी के लिये। अगर तुम अंधेरे में गये, तो तुम यह न कह सकोगे कि 'मेरी पत्नी ने मुझे रोशनी में न जाने दिया।' अगर तुम भटके तो तुम यह न कह सकोगे कि 'क्या करूं, घर-गृहस्थी थी, भटकना पड़ा, परिस्थिति की मजबूरी भी थी।'

कोई मजबूरी नहीं है और कोई परिस्थिति नहीं है। क्योंकि तुम जिस चीज के लिये भी राजी हो, तुम ही राजी हो। वह परिस्थिति तुम्हारी बनाई हुई है। और तुम चाहो, तो उस परिस्थिति के बाहर हो सकते हो; कोई तुम्हें रोक नहीं रहा है।

आकाश सदा खुला है।

और अगर तुम पिंजड़े में बंद हो, तो ध्यान रखना : पिंजड़े का दरवा जा किसी बंद नहीं किया है। तुम्हीं भीतर से बंद किये हुए हो !

अकसर तो ऐसा हो जाता है कि अगर तुम पिंजड़े को खोलो तोते के और उसे बाहर निकालना चाहो, तो वह बाहर निकलेगा नहीं। वह तड़फेगा, चिल्लायेगा, शोरगुल मचायेगा, सींकचों को पकड़ेगा—भीतर से। क्योंकि वह आदी हो गया है। वह उसका 'घर' है।

परतंत्रता तुम्हारा 'घर' है, तो तुम धार्मिक नहीं हो सकते। स्वतंत्रता के आकाश में ही धर्म खिलता है, फलता-फूलता है।

आज इतना ही।

4

साक्षित्व, समय- शून्यता और मन की मृत्यु

कहते हैं कि एक वृद्ध स्त्री थी—भगवान बुद्ध के समय में। वह बुद्ध के ही गांव में जन्मी थी और उनके जन्म-दिन पर ही।

लेकिन वह सदा ही बुद्ध के सामने आने से डरती रही—तभी से जबकि वह छोटी-सी थी। युवा हो गयी, फिर भी डरती रही। और वृद्ध हो गयी, फिर भी।

लोग उसे समझाते भी कि 'बुद्ध परम पवित्र हैं, साधु हैं, सिद्ध हैं। उनसे भय का कोई भी कारण नहीं। उनका दर्शन मंगलदायी है, वरदान-स्वरूप है।' लेकिन उस वृद्धा की कुछ भी समझ में नहीं आता। यदि वह कभी भूल से बुद्ध की राह में पड़ भी जाती थी, तो भाग खड़ी होती। अव्वल तो बुद्ध गांव में होते, तो वह किसी और गांव चली जाती।

लेकिन एक दिन कुछ भूल हो गयी। वह कुछ अपनी धुन में डूबी राह से गुजरती थी कि अचानक बुद्ध सामने पड़ गये। भागने का समय ही नहीं मिला। और फिर वह बुद्ध को सा मने ही पा इतनी भयभीत हो गयी कि पैरों ने भागने से जवाब दे दिया।

उसे तो लगा कि जैसे उसकी मृत्यु ही सामने आ गयी है।

भाग तो वह न सकी, पर आंखें उसने जरूर बंद कर लीं।

पर यह क्या—! बंद आंखों में भी बुद्ध दिखायी ही पड़ रहे हैं! और गैरिक वस्त्रों में स्वर्ण-सा दीप्त उनका चेहरा सामने है।

फिर उसने दोनों हाथों से अपनी आंखें ढांप लीं।

पर आश्चर्यों का आश्चर्य उस क्षण घटित होने लगा! जितना ही करती है वह बंद आंखों को, बुद्ध उतने ही भीतर आ गये मालूम होते हैं; बुद्ध उतने ही सुस्पष्ट होते चले जा ते हैं। आह! जितना ही ढंकती है वह आंखों को, बुद्ध उतने ही भीतर आ गए मालूम होते हैं।

नहीं—अब कोई बचाव नहीं है; मृत्यु निश्चित है। और इस प्रतीति के साथ ही वृद्धा खो जाती है और बुद्ध ही शेष रह जाते हैं।

और झेन फकीर सदियों से पूछते रहे हैं: 'बताएं वह वृद्धा कौन है?'

बुद्ध भी तुम हो और वृद्धा भी। तभी तो दोनों एक साथ, एक ही गांव में, एक ही दिन पैदा हो सके। तभी तो वृद्धा डरती रही—बुद्ध को देखने से, क्योंकि 'देखने' का अर्थ मृत्यु है।

तुम्हारे भीतर एक तत्व है, जो मरणधर्मा है। अगर वह अमृत को देख ले, तो लीन हो जायेगा। वह डरेगा, वह अमृत को देखने से भयभीत होगा।

तुम्हारे भीतर एक तत्व है, जो बुद्ध को देख ले, तो खोने के अतिरिक्त कोई मार्ग न बचेगा। जैसे नदी सागर के करीब पहुंच जाये, तो क्या करे! फिर गिरने के सिवाय कोई उपाय नहीं है। गंगा को गंगोत्री तक लौटने का कोई उपाय नहीं है; सागर सामने आ जाये, तो गिरना ही पड़ेगा। जब तक गंगा बचती रहे सागर से दूर, तभी तक बची है।

बुद्धत्व तुम्हारे भीतर की शून्यता है। और वृद्धा तुम्हारा मन है—तुम्हारे विचार। तुम दो में से एक ही हो सकते हो। जब तक तुमने वृद्धा का हाथ पकड़ा है, तब तक तुम बुद्ध न हो सकोगे। क्योंकि वृद्धा तुम्हें भगाये फिरेगी। बुद्ध इस गांव में होंगे, तो वह तुम्हें दूसरे गांव ले जायेगी। बुद्ध यहां होंगे, तो वृद्धा तुम्हें यहां न टिकने देगी। लेकिन जिस दिन तुम मन का, उस वृद्धा का साथ छोड़ोगे, उसी दिन तुम्हारा बुद्धत्व प्रकट हो जायेगा। क्योंकि बुद्धत्व कोई उपलब्धि नहीं है, उसे तुम लेकर ही पैदा हुए हो; वह तुम्हारा जन्म-सिद्ध अधिकार है, वह तुम्हारा स्वरूप है। वह तुम हो।

बुद्ध कोई ऐतिहासिक व्यक्ति ही हैं, ऐसा नहीं। गौतम सिद्धार्थ में भी वह घटना घटी थी, इसलिए वे बुद्ध हुए। वह घटना तुम में भी घट सकती है। बुद्धत्व एक घटना है; कोई किसी व्यक्ति का नाम नहीं है। वह गौतम सिद्धार्थ में घटी, क्योंकि 'वृद्धा' सामने पड़ गयी। तुममें अभी तक नहीं घटी है, क्योंकि वृद्धा कुशल है और अब तक सामने नहीं पड़ी है।

मन का नाम वृद्धा है। और वृद्धा क्यों है नाम?

इसके पहले कि हम कहानी में चलें, थोड़ी परिभाषाएं समझ लेनी जरूरी हैं।

मन सदा वृद्ध है; वह कभी जवान होता ही नहीं। मन सदा बूढ़ा है, क्योंकि मन सदा पुराना है। 'नया मन' होता ही नहीं। तुम जो भी जानते हो, वह सभी बीत चुका है। मन अतीत की स्मृति है, अतीत का ऊहापोह है। मन है वह धूल, जो यात्री राह पर चलकर अपने कपड़ों पर जमा कर लेता है। मन यानी संस्कार। अनुभव—जाना हुआ, सुना हुआ—वह सब इकट्ठा हो गया है। मन का कोई भविष्य तो नहीं है। मन का कोई वर्तमान भी नहीं है। मन तो सिर्फ अतीत है।

जो बीत गया है, वही तुम जानते हो। जो हो चुका है, वही तुम जानते हो। जो नहीं हुआ, उसे तुम कैसे जानोगे? जो अभी हो रहा है, उसे भी तुम न जान सकोगे; जब वह हो जायेगा, तभी जान सकोगे। मन पकड़ता है तब किसी चीज को, जब वह मर जाती है।

मन मरणधर्मा है; इसलिए मन को कहा है—वृद्धा। वह कभी जवान नहीं होता। छोटे-से बच्चे का मन भी बूढ़ा होता है। जब तक छोटे बच्चे का मन नहीं होता, तभी तक वह निर्दोष है। लेकिन ऐसी कोई घड़ी नहीं होती, क्योंकि छोटा बच्चा भी अनंत जन्मों को अपने पीछे छिपाये है। वह सा रा मन, यात्रा करता हुआ, साथ चला आया है।

जब तुम देह छोड़ते हो, तो देह ही छूटती है, मन तो तुम्हारे साथ चलता है। मन तो तभी छूटता है, जब बुद्ध और वृद्धा का आमना-सामना हो जाता है। लेकिन तब फिर कोई जन्म नहीं होता। इसका अर्थ हुआ कि सभी जन्म मन के होते हैं; तुम्हारा कोई जन्म नहीं; तुम अजन्मा हो। तुम न कभी पैदा हुए, न कभी मर सकते हो, क्योंकि जो पैदा होता है, वह मरेगा भी। मृत्यु तो उसी की होगी, जो जन्मेगा।

मन ही जन्मता है, मन ही मरता है। तुम साक्षी हो—इस नाटक के; तुम द्रष्टा हो, तुम भागीदार नहीं हो। तुम एक अंश नहीं हो, इस नाटक में। तुम बाहर हो—सदा बाहर हो। लेकिन अगर तुमने मन को समझा कि यह मैं हूं—तुम अगर वृद्धा के साथ एक हुए—तो साक्षी खो जाता है; तुम कर्ता हो गये। वही दुख है, वही अज्ञान है, वही संसार है।

मन सदा वृद्ध है। छोटे बच्चे का मन भी वृद्ध है; बूढ़े का मन भी वृद्ध है। बूढ़े का थोड़ा ज्यादा वृद्ध होगा, बच्चे का थोड़ा कम वृद्ध होगा। लेकिन वृद्धता में कोई अंतर नहीं है। और जिस क्षण मन को तुम हटाकर देख सकोगे, उसी क्षण तुम

पाओगे कि तुम सद्य-युवा हो। तब तुम्हारी हरियाली ऐसी है, जो कभी सूखेगी नहीं। तब तुम पाओगे कि तुम्हारे बूढ़े होने का कोई उपाय ही नहीं है। तब तुम जीवन हो—ताजे, सदा ताजे; उसमें कभी बासापन नहीं आता।

लेकिन यह तो मन के हटने पर पता चलेगा। और मन हटने से डरता है, भयभीत है। उसका भय भी स्वाभाविक है। क्योंकि मृत्यु से कौन नहीं डरता है ! मिटने से कौन नहीं डरता है !

शरीर के मरने से मन उतना ही डरता है, क्योंकि मन जानता है : मैं बचूंगा। लेकिन बुद्ध के सामने आने से डरता है, क्योंकि फिर बचने की कोई गुंजाइश नहीं, जगह नहीं।

तुम भीतर के बुद्ध से भी डरते हो, तुम बाहर के बुद्ध से भी मिलने से डरते हो। अगर कभी कोई बुद्ध पुरुष हो बाहर—जिसको हम सदगुरु कहते हैं—तुम उससे भी भागते हो, तुम उससे भी बचते हो। अगर तुम भूल-चूक से उसके पास भी पहुंच जाओ, तो तुम उसे सुनते नहीं। तुम कान बहरे रखते हो, आंखें अंधी रखते हो। अगर तुम सुन भी लो, तो तुम समझते नहीं हो; क्योंकि समझे कि खतरा है।

तुम जो सुनते हो, उसमें अपना कचरा मिला देते हो। तुम सोने को 'रा ख' कर देते हो। तुम्हारे अर्थ, तुम्हें बचा लेते हैं। तुम्हारी व्याख्या फिर तुम्हें पुरानी दुनिया में लगा देती है।

सदगुरु से मिलने से तुम डरते हो, क्योंकि वह भी मृत्यु है। शास्त्रों ने गुरु को मृत्यु कहा है। और जो गुरु तुम्हारी मृत्यु न बन सके, वह गुरु ही नहीं है। जिस गुरु के पास से तुम बचकर आ जाओ, तो या वह गुरु नहीं था या तुम उसके पास ही नहीं गये। अगर तुम पास गये और वह गुरु था, तो तुम लौट न सकोगे। तुम्हारी मृत्यु सुनिश्चित है। क्योंकि गुरु करेगा क्या? गुरु इतना ही करेगा कि तुम्हारी वृद्धा को तुम्हारे बुद्ध के सामने कर देगा।

कुछ और करना नहीं है। तुम्हारे भीतर ही एक छोटी-सी घटना जमानी है कि तुम्हारा मन तुम्हारी चेतना के सामने आ जाये, तुम्हारा साक्षी तुम्हारे विचार को देख ले। तुम्हारे मन के बादलों को तुम्हारे भीतर का सूरज साक्षात कर ले। बस, इतना ही।

बाहर का सदगुरु क्या करेगा? तुम्हारे भीतर—जिससे तुम बच रहे हो, उसको जमा देगा। और तुम तब तक बाहर भी बचोगे, भीतर भी बचोगे, जब तक तुम्हें

यह स्मरण नहीं है कि तुम जिसे बचा रहे हो, वही तुम्हारा दुख है। और जिससे तुम बच रहे हो, वही तुम्हारा आनंद है। लेकिन बिना स्वाद के पता भी कैसे चलेगा?

तुम दुख से ही परिचित हो। तो मन कहता है : इतना ही काफी है कि दुख भूल जाये; थोड़ा सुख मिल जाये, इतना ही काफी है।

सुख जिसे हम कहते हैं, वह दुख का विस्मरण है। शराब पी लेते हैं; नृत्य-गान में लीन हो जाते हैं; वेश्या के द्वार पहुंच जाते हैं। थोड़ी देर के लिए मन डूब जाता है; मिटता नहीं है। थोड़ी देर के लिए चिंता विस्मृत हो जाती है। उसको हम सुख कहते हैं।

जिसको तुम सुख कहते हो, वह केवल दुख का विस्मरण है। जैसे छोटा बच्चा रो रहा हो और उसकी मां ने खिलौना उसके हाथ में दे दिया, तो वह खिलौने को देखने में लग गया; और भूल गया रोने को—कारण को। इसलिए छोटे बच्चे के जो खिलौने होते हैं, अकसर घुनघुने होते हैं, उनमें आवाज होनी चाहिए। क्योंकि आवाज बच्चे को चौंकाती है। चौंककर वह भूल जाता है—जो हो रहा था उसे। जैसे ही वह भूल जाता है—जो हो रहा था उसे, वह सोचता है : आंसू सूख गए, सुख आ गया।

तुम्हारे सभी सुख बच्चों के घुनघुने हैं और इसीलिए वे ज्यादा देर नहीं चलते। बच्चा थोड़ी देर बजायेगा, फिर फेंक देगा खिलौने को। क्योंकि थोड़ी देर तक ही कोई चीज भुला सकती है। सदा के लिए कैसे कोई चीज भुला सकती है !

विस्मरण, बेहोशी क्षणभर को ही हो सकती है। फिर दुख की याद आयेगी, क्योंकि दुख वास्तविक है। जब तक मिट न जाये, तब तक तुम कैसे उसे सदा भुलाये रखोगे? नशा भी कर लोगे, तो नशा उतरेगा। शराब पी लोगे, तो कितनी देर चलेगी विस्मृति?

यह विस्मृति सदा चलनेवाली नहीं है। इसलिए कबीर ने कहा है कि 'यह नशा—जो हम पीते हैं, वह ऐसा है कि कभी उतरता नहीं है। ऐसी तारी लगी है कि अब टूटेगी नहीं। अब हम उस नशे में खो गये हैं, जो क्षण-भंगुर नहीं है—शाश्वत है।' लेकिन शाश्वत नशा तो बुद्धत्व का ही है।

वृद्धा थोड़ी बहुत देर तक को भूल जाये—बस; तो तुम्हारा मन दुख को जानता है। और थोड़ी बहुत देर को जब दुख को भूल जाता है, तो सुख को जानता है। तुम्हारा सुख आनंद नहीं है। तुम्हारा सुख, सुख भी नहीं है। तुम्हारा सुख केवल दुख

की विस्मृति है; हाथ में दिया हुआ खिलौना है।

थोड़ी देर में तुम 'खिलौने' से ऊब जाओगे और फेंक दोगे। इसलिए नयी पत्नी सुखद मालूम पड़ती है। पुरानी पत्नी विस्मृत हो जाती है; 'खिलौना' फेंक दिया गया। नयी कार खरीद ला ते हो; दो-चार दिन बड़ी प्रसन्नता मालूम पड़ती है। फिर कार पुरानी पड़ जाती है। नया मकान खरीदते हो, नया पद मिलता है; दो-चार दिन 'घुनघुना' बजता है; फिर... फिर उदास हो जाते हो।

तुम्हारे खिलौने बड़े हैं, कीमती हैं, पर खिलौने ही हैं। और मन इतना ही कर सकता है : या तो दुख—या दुख की विस्मृति। उसको वह कहता है : सुख। आनंद तो बुद्धत्व के सामने होने से होगा।

और यह बुद्धत्व कहीं बाहर होता तो भी कोई अड़चन न थी; यह बुद्धत्व तुम्हारे भीतर है; यह तुम्हारे ही मन की गहराई में छिपा है। लेकिन यह तुम्हारा मन, उस गांव में तुम्हें रुकने नहीं देता, जहां बुद्ध हैं; उस जगह नहीं रुकने देता, जहां बुद्ध हैं।

तुम ध्यान करने बैठते हो, मन तुम्हें कहीं ले जाता है। तुम पूजा करने बैठते हो, मन तुम्हें कहीं ले जाता है। जहां भी बुद्ध का डर पैदा होता है कि आमना-सामना न हो जाये, साक्षात्कार न हो जाये, वहीं तुम भाग खड़े होते हो।

मेरे पास लोग आते हैं; वे कहते हैं कि 'मंदिर में जाते हैं, तब इतने ज्यादा विचार आते हैं, जितने दुकान पर भी नहीं आते हैं।' आयेंगे ही। क्योंकि दुकान पर बुद्धत्व से मिलने की कोई आशा नहीं है। मन निश्चिंत है। ग्राहकों से मिलकर कहीं कोई डर है ! लेकिन जब तुम मंदिर में जाते हो, तो मन डरने लगता है; क्योंकि यहां डर है—इस मंदिर के सन्नाटे में; इस मंदिर की शून्यता में, इस मंदिर के वाता वरण में कहीं भीतर के बुद्ध से मिलना न हो जाये ! मन तत्क्षण तुम्हें कहीं और ले चलता है; वह बड़े सपनों में खो जाता है।

तुम जब ध्यान करोगे, तब तुम्हें मन जितना सतायेगा, उतना कभी नहीं सतायेगा। क्योंकि वहीं मौत का डर है, वहीं मन भयभीत होगा।

ये बातें खयाल में ले लें। अब यह कहानी बिलकुल सरल हो जायेगी। और इसके एक-एक शब्द को समझ लेना जरूरी है। क्योंकि झेन, सूफी या हसीद फकीर जब कोई कहानी गढ़ते हैं, तो हजारों-हजारों बुद्धों के अनुभव से गढ़ते हैं। यह कोई कहानी नहीं है। ये किसी लेखक, किसी कहानीकार, किसी कथा लिखनेवाले के वचन नहीं हैं।

यह कहानी हजारों-हजारों बुद्धों का सार है। अनेक बुद्धों ने भीतर जो अनुभव किया है, उसको इस कहानी में रख दिया है। यह कहानी—कहानी नहीं है। तुम्हारे जीवन का बड़े से बड़ा सत्य है। इसलिए एक-एक शब्द को गौर से समझना।

'कहते हैं कि एक वृद्ध स्त्री थी—भगवान बुद्ध के समय में। वह बुद्ध के गांव में ही जन्मी थी और उनके जन्म पर ही।'

तुम्हारा मन तुम्हारे जन्म-दिन पर ही जन्मता है। और तुम्हारा मन—इसके पहले कि तुम जागो कि तुम कौन हो, तुम्हें पकड़ लेगा। होश आने के पहले मन से तुम ग्रस्त हो जाते हो। बच्चा पैदा नहीं हुआ—और इधर उसने चीख नहीं लगाई अपनी पहली—और पैदा हो गया। मन 'अनुभव' है।

शायद मनोवैज्ञानिक कहेंगे जल्दी ही—उनकी खोजें बताती हैं—पहले आसार जाहिर हो गये हैं कि मन जन्म के पहले ही पैदा हो जाता है। क्योंकि बच्चा जब गर्भ में होता है, तब भी अनुभव होते हैं। मां गिर पड़े, तो पेट में जो बच्चा है, उसको चोट की प्रतीति होती है—साफ नहीं, बहुत धुंधली, लेकिन प्रतीति होती है। मां बीमार हो, तो बच्चा भी कमजोर होता है; बच्चा भी भीतर बीमारी का अनुभव करता है। मां स्वस्थ हो, प्रसन्न हो, तो बच्चा उसकी प्रसन्नता अनुभव करता है। तो जहां अनुभव शुरू हुआ, वहां मन शुरू हो गया।

बच्चा जब पैदा होता है, तब 'बूढ़ा' हो चुका होता है। कुछ अनुभव लेकर पैदा होता है। उसके कुछ संस्कार निर्मित हो गये। और अब वह इन संस्कारों के आधार पर ही जीयेगा। कारागृह निर्मित हो गया, अब आत्मा स्वतंत्र नहीं है।

रूसो ने कहा कि आदमी स्वतंत्र पैदा होता है और परतंत्र मरता है। गलत है बात। आदमी परतंत्र ही पैदा होता है; आमतौर से परतंत्र ही मरता है। कुछ लोग परतंत्र पैदा होते हैं और स्वतंत्र मरते हैं। वे ही बुद्ध हैं।

सभी लोग परतंत्र पैदा होते हैं, क्योंकि अनुभव परतंत्रता है। तुमने जो जाना, उसने तुम्हारी आत्मा के आकाश को घेर दिया। तुम्हारा ज्ञान तुम्हारी सीमा बन जाता है। क्योंकि तुम सोचते हो : 'यही मैं हूं।'

तुम्हारा हर अनुभव तुम्हें छोटा करता है। तुम्हारा हर अनुभव तुम्हें यह भ्रांति देता है कि मैं जानता हूं। और जैसे ही तुम्हें यह लगता है : 'मैं जानता हूं' तुम छोटे हो गये।

बूढ़े सिकुड़ते जाते हैं। उनके अनुभव की मात्रा बढ़ती जाती है और उनको

आत्मा का आकाश छोटा होता जाता है। एक तरफ तो ढेर लगने लगता है कि मैं इतना जानता हूं; और दूसरी तरफ उनकी आत्मा उतनी ही संकीर्ण होती जाती है। इसलिए बूढ़े आदमी में तुम विराट आत्मा शायद ही पाओगे। बूढ़ा आदमी बहुत संकीर्ण होता है। उसके पक्षपात सुनिश्चित होते हैं। उसकी धारणाएं मजबूत—पत्थर की तरह होती हैं। उसका हृदय तरल नहीं होता है, ठोस होता है। क्योंकि वह जानता है; उसे अनुभव है।

छोटे बच्चे का आकाश तरल होता है, अभी दीवालें साफ नहीं होतीं। 'कहां मैं खतम होता हूं, कहां तुम शुरू होते हो'—यह बच्चे को अभी बहुत साफ नहीं होता। अभी चीजें तरल हैं, सीमाएं बहती हुई हैं। अभी सब पत्थर की दीवालें नहीं हैं।

जैसे-जैसे अनुभव मजबूत होगा, वैसे ही वैसे आत्मा छोटी होती जाती है। इसलिए जगत में बड़ी से बड़ी घटना है कि तुम्हारा अनुभव बढ़े और तुम्हारी आत्मा छोटी न हो, तो तुम साधक हो। अगर तुम्हारा अनुभव बढ़े और साथ में तुम्हारा आकाश छोटा होता जाये, तुम्हारी चेतना का आंगन सिकुड़ता जाये, और जब तुम मरो, तुम अनुभव के ढेर रह जाओ और तुम्हारे भीतर कुछ भी न हो, जो बचाने योग्य था। अकसर बूढ़ा आदमी इसी तरह मरता है। इसलिए बुढ़ापे में एक कुरूपता आ जाती है। वह कुरूपता शरीर से कम संबंधित है; वह कुरूपता तुम्हारी संकीर्ण दृष्टि से संबंधित है। तुम हिंदू हो, तुम मुसलमान हो, तुम जैन हो; तुम 'यह' हो, तुम 'वह' हो; तुम सब जानते हो !

छोटा बच्चा न हिंदू है, न मुसलमान है, न जैन है। अभी मसजिद के सा मने भी प्रसन्न हो सकता है और अभी मसजिद में भी जाने की उसकी उत्सुकता उतनी ही है, जितनी मंदिर में जाने की। अभी फासले खड़े नहीं हुए हैं। अभी 'आंगन' बड़ा है। वही उसका सौंदर्य है।

जब कोई बूढ़ा आदमी भी छोटे बच्चे की तरह बड़े आंगन की, बड़े आकाश की संभावना रखता है अपने भीतर, तो बुढ़ापे में एक सौंदर्य प्रकट होता है, जो जवानी में भी नहीं हो सकता है। क्योंकि जवानी के सौंदर्य में थोड़ा तनाव रहेगा, उत्तेजना रहेगी; वासना का खिंचाव रहेगा, दौड़ रहेगी। जवानी का सौंदर्य छिछला होगा; बहुत गहरा नहीं हो सकता।

बच्चे के सौंदर्य में एक भोलापन है; लेकिन बुद्धूपन भी होगा; क्योंकि अनुभव नहीं है। उसके भोलेपन में मूर्खता का अंश भी होगा। उसमें नासमझी की भी सभावना।

है; क्योंकि समझ अभी फली नहीं है। बड़ा होगा उसका चित्त, लेकिन उस बड़ेपन में अभी मूढ़ता हो सकती है।

जवान सुंदर होगा, लेकिन सौंदर्य शरीर का होगा। और वासना से भरे चित्त में बहुत गहरा सौंदर्य नहीं हो सकता। लेकिन बूढ़ा अगर सच में ही बूढ़ा हो, जीवन प्रौढ़ता बनी हो—एक मैच्योरिटी, और जीवन में एक विकास हुआ हो और आत्मा छोटी न हुई हो; अनुभव बढ़ा हो, ज्ञान बढ़ा हो, लेकिन फिर भी विनम्रता शेष रही हो; बच्चे की तरह भोलापन कायम रहा हो—अनुभव के बावजूद; वासनाएं जा चुकी हैं, उनका तूफान, आंधियां खो गई हैं; अब जवानी की पकड़ नहीं है, खींच नहीं है; न धन पर लोभ है न शरीर पर मोह है। चित्त जैसे एक शांत झील हो गया है। तो बुढ़ापे में जो सौंदर्य प्रकट होता है, उसकी कोई उपमा नहीं है। मगर यह होता बहुत मुश्किल से है। लेकिन जब भी होता है, तो इस जगत में वह चरम सौंदर्य है। वह ऐसे ही है, जैसे हिमालय के शिखरों पर शुभ्र बर्फ जमी हो। वैसे ही बूढ़े के शुभ्र, श्वेत केशों में—अगर जीवन सच में ही विकसित हुआ हो—तो हिमालय जैसा सौंदर्य प्रकट होता है। लेकिन यह साधारणतः घटता नहीं है—कभी कोई बुद्ध, कभी कोई महावीर...।

सामान्यतया तो हम परतंत्र पैदा होते हैं, और, और भी बुरी तरह परतंत्र होकर मरते हैं। हम कारागृह में पैदा होते हैं, और भी खतरनाक कारागृह में मरते हैं। जंजीरें लेकर आते हैं और फिर जंजीरों को बढ़ाते जाते हैं। हमारा संग्रह, हमारा ज्ञान—सब जंजीरों का वजन बनता जाता है। एक दिन हम समाप्त हो जाते हैं; जंजीरें ही रह जाती हैं।

'कहते हैं कि एक वृद्ध स्त्री थी—भगवान बुद्ध के समय में। वह बुद्ध के गांव में ही जन्मी थी और उनके जन्म-दिन पर ही।' वह बुद्ध के भीतर ही जन्मी थी। उसे स्त्री क्यों कहा है? उसे पुरुष क्यों न कहा?

मन को जो जानते हैं, वे इसे स्त्रैण कहते हैं। आत्मा को पुरुष कहते हैं। उसका कारण है। आत्मा वृक्ष की भांति है; मन लताओं की भांति है। लताएं वृक्ष के बिना खड़ी नहीं रह सकतीं; वृक्ष लताओं के बिना खड़ा रह सकता है। तुम्हारी आत्मा, बिना मन के हो सकती है, लेकिन तुम्हारा मन, बिना आत्मा के नहीं हो सकता है।

आत्मा बिना मन के हो सकती है। हम जानते हैं बुद्धों को; उनको आत्मा थी—बिना मन के थी। लेकिन अब तक ऐसा एक आदमी नहीं जाना जा सकता,

जिसमें मन तो हो, और आत्मा न हो। इसलिए मन स्त्रैण है। स्त्रैण का मतलब स्त्री नहीं; स्त्रैण का कुल इतना ही मतलब है—'निर्भर'। उसकी कोई स्वतंत्र सत्ता नहीं है। वह छाया की भांति है। वह लताओं की भांति है। उसे पुरुष का सहारा चाहिए।

इसका दूसरा मतलब भी खयाल में ले लेना कि तुम जब तक सहारा दे रहे हो, तभी तक मन है। तुम जिस दिन सहारा खींच लोगे, मन खो जायेगा। मत पूछो कि 'मन को कैसे मिटायें।' सिर्फ इतना ही पूछो कि 'सहारा कैसे अलग कर लें।'

तुम्हारे बिना मन रह ही नहीं सकता। और तुम अजीब काम कर रहे हो। एक तरफ से मिटाने की कोशिश करते हो, दूसरी तरफ से बनाये जाते हो। एक तरफ से सहायता देते हो, दूसरी तरफ से ईंटें खिसकाते हो। एक हाथ से मकान बनाते हो और एक से मिटाना चाहते हो। यह मकान कभी भी न मिटेगा । यह उतना का उतना ही बना रहेगा।

तुम्हारे सहारे के बिना यह मकान नहीं है। तुम्हारे सहारे के बिना यह मन नहीं है। तुम इसे बनाते हो, इसलिए यह है। इसलिए यह मन स्त्री है।

स्त्रैण का अर्थ है : जो सहारे के बिना न हो सके; जो लताओं की भांति है; जो पुरुष के कंधे पर हाथ रखेगी; झुकेगी, तो ही हो सकती है।

बुद्ध के गांव में ही जन्मी थी—वह स्त्री। 'गांव' से मतलब ठीक से समझ लेना। गांव का मतलब, वह गांव नहीं है, जो बाहर दिखाई पड़ता है।

हिंदू बड़े अदभुत हैं। और इन्होंने जो कहानियां गढ़ीं हैं, उनके एक-एक शब्द में अर्थ है।

हम आत्मा को पुरुष कहते हैं। पुरुष उसी शब्द से बनता है—जिससे पुर। पुर का मतलब है : गांव। और पुरुष का मतलब है : गांव के केंद्र पर जो है।

पुर का मतलब है : तुम एक नगर हो। और अगर इसे हम ठीक से समझें, तो सच में तुम एक नगर हो। कोई सात करोड़ जीवाणु तुम्हारे भीतर हैं। इतना बड़ा न तो अभी लंदन है और न इतना बड़ा टोकियो है। बड़े से बड़ा नगर एक करोड़ का है।

तुम्हारे शरीर में सात करोड़ जीवित कोष्ठ हैं। बड़ी विस्तीर्ण व्यवस्था है। और इन सात करोड़ में एक को भी पता नहीं है कि तुम हो। इतनी बड़ी भीड़ है तुम्हारे भीतर ! इसको हिंदुओं ने 'पुर' कहा है। और तुम जो इसके भीतर छिपे हो, इसको

'पुरुष' कहा है। पुरुष का अर्थ है : जो पुर के भीतर छिपा है।

'उसी गांव में, उसी जन्म-दिन पर'...। बुद्ध के साथ ही बुद्ध का मन जन्मा।

मन स्त्रैण है; उसे सहारा चाहिए; बिना सहारे के वह खो जाता है; बिना सहारे मुरझा जाता है। और अगर ज्यादा सहारा दो, तो खतरनाक भी है; क्योंकि अगर बहुत सहारा दिया जाये, तो लता वृक्ष को सुखा डालेगी, चूस लेगी। धीरे-धीरे लता पूरे वृक्ष पर छा जायेगी। वृक्ष का पता ही न चलेगा। जिसके सहारे लता खड़ी है, उस वृक्ष का पता ही नहीं चलेगा, वह ढंक जायेगा।

अगर मन को तुमने सहारा दिया, तो धीरे-धीरे वह तुम्हें ढंक लेगा। तुम्हारा पता ही न चलेगा। बस, मन का ही पता चलेगा।

'लेकिन वह स्त्री सदा ही बुद्ध के सामने आने से डरती रही।' साथ पैदा हुई, उसी गांव में पैदा हुई, उसी घर में, उसी देह में, लेकिन बुद्ध के आमने-सामने आने से डरती रही। सदा डरती रही—तभी से जब वह छोटी-सी थी। वृद्धा नहीं थी—छोटी थी। युवा हुई, फिर भी डरती रही। वृद्ध हो गई, फिर भी डरती रही।

मन का एक ही भय है : वह ध्यान है। ध्यान मन की मृत्यु है। ध्यान का अर्थ है : अपने आमने-सामने आ जाना। जैसे कोई दर्पण में अपने को देख ले, ऐसा ही कोई मन के बिलकुल सामने खड़ा हो जाये; इंच भर भी मन को हटने न दे, तो बड़ा चमत्कार घटित होता है। अगर मन बिलकुल सामने आ जाये, तो तत्क्षण खो जाता है। तुम्हारी आंख काफी है, उसकी मृत्यु के लिए।

तुमने कहानी सुनी है कि कामदेव ने शिव को कामातुर किया। और उन्होंने अपनी तीसरी आंख से कामदेव को देखा और वह भस्म हो गया; तब से वह अनंग है, उसकी कोई देह नहीं है।

ध्यान तीसरी आंख है—दि थर्ड आई। और अगर तुम काम-वासना को तीसरी आंख से देख लो, ध्यान से देख लो, तो वह राख हो जाती है।

मन क्या है? सारी वासनाओं का जोड़ है। और मन के गहरे में काम-वा सना है। इसलिए ब्रह्मचर्य पर इतना जोर दिया है। अगर काम-वासना चली जाये, तो शेष सारी वासनाएं अपने आ प झर जाती हैं। क्योंकि जिसकी काम-वासना न हो, उसका लोभ क्या होगा?

जब तक तुम्हारे मन में 'काम' है, तब तक लोभ है। जब तक लोभ है, तब तक क्रोध है। जब तक क्रोध है, तब तक मद-मत्सर हैं। सब जुड़े हैं। लेकिन सबसे

गहरी कड़ी काम-वासना की है।

छोटा बच्चा इतना भोला मालूम पड़ता है, क्योंकि वह गहरी कड़ी अभी प्रकट नहीं हुई है; अभी शरीर तैयार नहीं है। अभी चौदह साल लगेंगे, तब शरीर तैयार होगा और काम-वासना की पहली कड़ी प्रकट होगी। बस, फिर सारी वासनाएं आस-पास आने लगेंगी। जैसे ही काम-वासना मन में आ ती है, बाकी सारी वासनाएं सहयोग के लिए खड़ी हो जाती हैं।

लोभ का क्या अर्थ है, अगर तुम कामी नहीं हो। अगर तुम कामी नहीं हो, तो तुम क्रोध कैसे करोगे। अगर तुम कामी नहीं हो, तो अहंकार की घोषणा का कोई भी प्रयोजन नहीं है। तब तुम ऐसे जी सकते हो, जैसे तुम हो ही नहीं। और तब तुम्हारे पास कुछ हो या न हो, बराबर अर्थ होगा। तुम सारे संसार को जीत लो—हजार-हजार सिंहासन तुम्हारे हों तो, और तुम्हारे पास कुछ भी न हो, सब खो जा ये, तो भी तुम्हारी नींद में कोई खलल न पड़ेगी। तुम वैसे ही रहोगे, जैसे सब घटनाएं बाहर-बाहर हैं।

लेकिन अगर काम-वासना भीतर है, तो फर्क पड़ेगा। क्योंकि अगर तुम ि संहासन पर हो, तो तुम सुंदर स्त्रियों को पा सकोगे। अगर सिंहासन गया, तो वह सौंदर्य का सारा राज्य गया। तुम अगर धन वाले हो, तो तुम वासना को खरीद सकते हो। अगर तुम निर्धन हो, तो तुम क्या खरीदोगे? गरीब की क्या क्षमता है खरीद लेने की? तो आदमी धन इकट्ठा करता है, वह भी 'काम' के लिए ही है।

फिर अगर कोई तुम्हारी वासना में बाधा डाले, तो क्रोध आता है। इस लिए हम कहते हैं कि संत अक्रोधी होगा; क्योंकि उसकी कोई वासना नहीं है। तुम बाधा किस बात में डालोगे? वह कुछ मांगता नहीं है। तुम रुकावट क्या खड़ी करोगे? अक्रोध स्वाभाविक हो जायेगा।

'काम' केंद्र है—सारी वासना का। मन वासना का फैलाव है।

डरता है मन—ध्यान से, क्योंकि ध्यान तीसरी आंख है। उसकी अग्नि बड़ी प्रखर है। अगर तुम आमने-सामने देख लो, तो राख हो जायेगा मन।

वह स्त्री सदा डरती रही—बुद्ध के सामने आने से। छोटी थी, युवा थी, वृद्ध हुई, लेकिन डर कायम रहा। लोग उसे समझाते भी कि 'बुद्ध परम पवित्र हैं, साधु हैं, सिद्ध हैं; उनसे भय का कोई कारण नहीं है। उनका दर्शन मंगल-दायी है, वरदान-स्वरूप है।' लेकिन, उस वृद्धा की कुछ भी समझ में न आता। यदि वह

भूल से कभी बुद्ध की राह में पड़ भी जाती, तो भाग खड़ी होती। अव्वल तो बुद्ध गांव में होते, तो वह दूसरे गांव चली जाती।

इसे समझना। लोग समझाते कि 'बुद्ध परम पवित्र हैं, साधु हैं, उन जैसा कौन साधु है ! उनसे क्या भय है? कोई कारण नहीं है, उनसे डरने का। दर्शन मंगल-दायी है, वरदान-स्वरूप हैं—ये सब बातें ठीक हैं। लेकिन मन के बिलकुल समझ में नहीं आतीं। मंगल-दायी, वरदान स्वरूप—बुद्ध एक बरसते हुए आशीर्वाद हैं— सब ठीक है। लेकिन मन की बिलकुल समझ में नहीं आती; मंगल-दायी होगा, वरदान-स्वरूप होगा, बुद्ध एक बरसते हुए आशीर्वाद होंगे—सब ठीक है। लेकिन मन की समझ में नहीं आता। मन के लिए नहीं हो सकते; मन की तो मौत हैं; मन की तो मृत्यु हैं।

मन तुम्हें सब तरह से समझाता है कि बुद्ध के आमने-सामने मत पड़ना । मन ढंग से समझाता है, उसके तर्क कुशल हैं। पहले तो वह यह कहेगा कि 'इस तरह की बात ही नहीं होती; ध्यान कहीं हुआ है? सब कपोल-कल्पना है। सब कवियों का जाल है। सब कविताएं हैं। ध्यान वगैरह कभी हुआ नहीं है। इस झंझट में पड़ते ही क्यों हो?'

'यह परमात्मा और मोक्ष—ये सब सपने हैं।' और मन इनके लिए बड़े तर्क देता है। इसीलिए तो बुद्ध पैदा भी हों, तो भी कितने थोड़े-से लोग उनका लाभ ले पाते हैं ! कितने थोड़े-से लोग सरोवर में अपनी प्यास बुझाते हैं ! आखिर इतने अधिक लोग—जो सोने के पीछे दौड़ते हैं, वे बुद्ध के पीछे क्यों नहीं दौड़ते हैं?

जो धन के पीछे दौड़ते हैं, वे बुद्धत्व के पीछे क्यों नहीं दौड़ते? खुद बुद्ध को गांव-गांव भटकना पड़ता है—लोगों को खोजते। कोई उन्हें खोजते हुए नहीं भटक रहा है ! क्या मा मला है?

लोग अपने मन को समझाते हैं : 'यह सब बातचीत है। इसमें कुछ ज्यादा सार नहीं है। समय मत गंवाओ। जिंदगी छोटी है; दुबारा मिलेगी नहीं। 'पार' का कोई पता नहीं; भोग लो; जो भी क्षण भर हाथ में है, उसे छोड़ो मत ।' मन का यह गहन तर्क है।

'लेकिन उस वृद्धा की कुछ भी समझ में न आता था। यदि वह कभी भूल से बुद्ध की राह में भी पड़ जाती, तो भाग खड़ी होती।' कभी ऐसा आकस्मिक भी हो जाता है कि तुम खाली बैठे हो, अचानक मन आमने-सामने हो जाता है, तो तत्क्षण

मन भाग खड़ा होता है; तत्क्षण मन कोई रूप ले लेता है, कोई विचार पकड़ लेता है; किसी विचार की धारा को पकड़कर मन कहीं चला जाता है।

कभी खुली रात—आकाश के नीचे बैठे हुए, कभी नदी के किनारे बैठे हुए, कभी किसी पहाड़ी झरने के कलकल नाद को सुनते हुए, कभी सिर्फ वृक्षों की हरियालियों को आत्मसात करते हुए, कभी किसी पक्षी की आवाज सुनकर एक सन्नाटा छा जाता है। कभी किसी सदगुरु का वचन सुनकर, कभी किसी सदगुरु की मौजूदगी में एक सुगंध भीतर प्रवेश कर जाती है; जैसे अचानक किसी ने धूप जला दी हो। मगर मन तत्क्षण बेचैन हो जाता है, और, कहीं और ले जाता है। मन तत्क्षण तुम्हें मार्ग बता देता है, जिससे तुम भाग खड़े होओ।

ऐसा रोज घटता है; ऐसा हर आदमी की जिंदगी में घटता है। ऐसे क्षण आ ते हैं, जब तुम आमने-सामने होने के करीब होते हो। लेकिन मार्ग—मन सदा खोज लेता है; वह कुछ न कुछ उपा य कर लेता है; उसे अपने को बचाना है। आत्मरक्षा तो सभी करना चाहते हैं : मन भी करना चाहता है।

'अव्वल तो बुद्ध गांव में होते, तो वह और किसी गांव चली जाती।' यह तुम्हारे मन की जानी-मानी तरकीब है।

तुम मुझे यहां सुन रहे हो; लेकिन तुम्हारा मन किसी और गांव में चला गया हो। तब तुम्हें लगेगा : 'तुम सुन भी रहे हो।' तुम धोखा दे रहे हो। तुम्हारा शरीर भर यहां है; मन कहीं और चला गया है। और शरीर को ले जाने की जरूरत नहीं है। मन बिना शरीर के कहीं भी चला जा सकता है—चांद-ता रों पर चला जा सकता है।

तुम यहां बैठे हो और तुम्हारी दुकान, तुम्हारा बाजार, तुम्हारी पत्नी, घर-द्वार, मित्र-शत्रु—हजार समस्याएं हैं; अदालत है, मुकदमे हैं—तुम उनमें जा सकते हो। और यहां जब तुम बैठे हो, तब तुम अकसर चले जाओगे; क्योंकि यहां खतरा है। और मन खतरे को बड़ी जल्दी पहचानता है; जैसे घोड़ा कान खड़े कर लेता है, खतरे को देखकर। मील-दो मील दूर खतरा हो। कुत्ता सूंघ लेता है। दो मील फासले पर गंध हो, कुत्ता जान जाता है। ऐसा ही तुम्हारा मन राडार की भांति, चौबीस घंटे—भय से—चारों तरफ डोलता रहता है; पकड़ता रहता है : कहां खतरा है। इसका कारण भी है।

मन का सारा उपयोग प्रकृति में खतरे से सावधान होने के लिए है; वह राडार है। इसके पहले कि खतरा आ जाये, तुम्हें पता चल जाना चाहिए। नहीं तो हो सकता है :

खतरा आ जाये और फिर तुम्हें पता चले; फिर कुछ करने को न बचे। घर में आग लग जाये, तब तुम्हें पता चले; फिर बचना मुश्किल हो जायेगा। आग लगने के पहले—आग की शुरुआत में, जब पहला धुआं उठे, तब मन को सचेत हो जाना चाहिए। तब पानी डाला जा सकता है, आग बुझाई जा सकती है। कुछ हो सकता है।

तो मन 'राडार' है। वह चौबीस घंटे तुम्हारे चारों तरफ संवेदनशील घूम रहा है कि कहीं कोई खतरा तो नहीं है। इसलिए अकसर ऐसा हो जाता है कि जो लोग सदा खतरे में रहते हैं, उनके पास बड़ा तीव्र मन हो जाता है। और जो लोग किसी खतरे में नहीं रहते, उनका मन अकसर डल, मंद हो जाता है। इसलिए धनपतियों के घर बहुत प्रतिभाशाली मन के बच्चे पैदा नहीं होते।

खतरा नहीं है, तो 'राडार' जंग खा जाता है; जरूरत ही नहीं रह जाती है उसकी। दुनिया में जितने बुद्धि और प्रतिभा के लोग पैदा होते हैं, वे अकसर धनपतियों के घरों से नहीं आ ते हैं, गरीब घरों से आते हैं, जहां चारों तरफ खतरा है।

तुमने यह भी देखा होगा कि इतिहास के वे ही क्षण, जब किसी राष्ट्र के जीवन में बड़े खतरनाक होते हैं, महापुरुषों के जन्म के क्षण होते हैं। अब तुम दुबारा गांधी पैदा न कर सकोगे जल्दी। न तुम दुबारा रवीन्द्रनाथ पैदा कर सकोगे; न राजा राममोहन राय, न सुभाष, न जवाहर—अब तुम जल्दी पैदा न कर सकोगे। अब तुम बिलकुल कचरा पैदा कर रहे हो। कारण क्या है? खतरा नहीं है।

जब भी किसी राष्ट्र के जीवन में खतरा होता है, तो मन सतेज हो जाता है। महापुरुष मन से पैदा होते हैं। वे कोई बुद्ध नहीं हैं; वे मन की ही प्रतिभाएं हैं।

तुमने भी कभी खयाल किया है कि जब खतरा होता है, तब तुम्हारे मन की प्रतिभा में एक चमक आ जाती है। और जब कोई खतरा नहीं होता है, तो मन सो जाता है। जरूरत ही नहीं है, तो कोई प्रयोजन नहीं है। तुमने कभी खयाल किया है कि जब तुम खतरे में होते हो, तब तुम में अनजाने स्रोत जग जाते हैं—शक्ति के। और अगर तुम खतरे में नहीं होते हो, तो कोई स्रोत नहीं जगता।

तुम्हें कोई दौड़ाए कि तुम अपनी पूरी ताकत से दौड़ो—तुम अपनी पूरी ताकत लगाते हो। तुम्हें खयाल भी नहीं आता कि कोई भी ताकत बची है—जो तुमने नहीं लगाई हो। फिर तुम्हें एक प्रतियोगिता में लगाया जाये, जहां और दस लोग भी दौड़ रहे हैं, तब तुम दुगुनी ताकत से दौड़ते हो। पहले तुम कहते थे कि पूरी ताकत से

मैं दौड़ रहा हूं; अब यह ताकत कहां से आई? जब खतरा है; क्योंकि प्रतियोगिता है; पराजित होने का भय है। लेकिन यह भी कुछ नहीं है। एक आदमी तुम्हारे पीछे बंदूक लेकर लग जाये, तब तुम जो भागोगे, उस भागने का कोई मुकाबला नहीं है; तब तुम ऐसे भागोगे, जैसा कि कोई आदमी कभी नहीं भागा है; तब तुम अपनी पूरी त्वरा में भागोगे।

जब खतरा होता है—शक्ति जगती है।

मन तुम्हारा—खतरे का आकलन करनेवाला यंत्र है। और सबसे बड़ा खतरा क्या है, उसकी गंध पाकर भी मन भाग खड़ा होता है? फिर मन उस तरफ जाता नहीं; 'घोड़ा' ठिठक जाता है; फिर वह हजार बहाने खोजता है, लेकिन उस तरफ नहीं जाता।

सबसे बड़ा खतरा है—आत्म-साक्षात्कार, आत्मज्ञान। क्योंकि जैसे ही आत्मज्ञान हुआ, मन की कोई जरूरत न रह जायेगी। और मन इसे जानता है कि एक ऐसा बोध का क्षण है, जहां मेरी जरूरत नहीं रह जाती है; जहां मुझे उठाकर फेंक दिया जायेगा—कूड़े-करकट की भांति।

'अव्वल तो बुद्ध गांव में होते, तो वह किसी और गांव में चली जाती। लेकिन एक दिन कुछ भूल हो गयी। वह अपनी धुन में डूबी राह से गुजरती थी कि अचानक बुद्ध सामने पड़ गये। भागने का समय न मिला। और फिर वह बुद्ध को सामने ही पा, इतनी भयभीत हो गयी कि पैरों ने भा गने से जवाब दे दिया।'

यह पूरी बात समझ लेना। यह तुम्हारी जिंदगी में कभी न कभी घटनेवाली है। जितनी जल्दी घटे, उतना अच्छा है। ...'एक दिन कुछ भूल हो गयी।' यह बड़े मजे कि बात है कि तुम 'भूल' से ही जागोगे। होशियारी से तुम जागनेवाले नहीं हो। क्योंकि होशियारी तो मन की ही होगी। तुम मन की किसी चूक से जागोगे; तुम मन की किसी कला से नहीं जागोगे। कोई ऐसा क्षण तुम्हें जगायेगा, जहां मन की कुशलता काम नहीं पड़ रही है।

दुर्घटना से तुम बुद्ध बनोगे—साधना से नहीं। क्योंकि साधना तो मन की ही होगी। तुम्हारा मन ही पतंजलि को पढ़ेगा और यम, नियम साधेगा। फिर कोई डर नहीं मन को। लेकिन किसी दुर्घटना से तुम जागोगे।

इसलिए पुराने शास्त्र कहते हैं कि बिना गुरु के तुम न जग सकोगे। क्योंकि तुम जो भी करोगे, वह 'साधना' होगी। 'दुर्घटना' तो गुरु ही करवा सकता है। एक

फारैन एलिमेंट (विजातीय तत्व) —दुर्घटना ला सकता है; बाहर से कोई दुर्घटना पैदा कर सकता है।

तुम सो रहे हो। और तुम्हें जगाना है। अगर तुम पर ही छोड़ दिया जाये, तो आदमी इतना कुशल है, मन इतना अदभुत है—उस जैसा कलाकार नहीं—वह नींद में ही सोच सकता है कि मैं जग गया ! सपना देख सकता है जगने का। तब बड़ी मुश्किल खड़ी हो जाती है। क्योंकि अब तुम करोगे क्या ! जाग गये—सपना देख रहे हो कि जाग गये—तो एक अलार्म रख देना पड़ता है।

अलार्म एक दुर्घटना है; बाहर से आती है। लेकिन मन बड़ा कुशल है। एक-आध दफा अलार्म से जग जाओगे। फिर धीरे-धीरे मन अलार्म को भी सपना बना लेगा। वह देखेगा सपना कि मंदिर है; मंदिर की घंटियां बज रही हैं। और अलार्म को 'डुबा' देगा। तब तुम्हें जीवित व्यक्ति चाहिए, जो रोज नयी तरकीब निकाल सके; जिसके आस-पास तुम 'सपना' न बना सको।

गुरु का इतना ही अर्थ है : वह तुम्हारे लिए बाहर से दुर्घटना खड़ी कर दे। वह तुम्हें ऐसी मुसीबत में डाल दे, जिससे बचने का तुम्हारे पास कोई उपाय न हो। वह तुम्हें एक ऐसे कोने में ले आये, जहां भागने के रास्ते न हों। वह तुम्हें उस जगह ले आये, जहां से तुम कहीं भी जाओ, तो मिटो। पीछे लौटो, तो मिटो; आगे जाओ, तो मिटो।

गुरु का अर्थ है : दुर्घटना। उसका अर्थ है : तुम्हारी जितनी जानकारी, तुम्हारी जितनी कुशलता और समझदारी है, उस सबसे भिन्न, पृथक स्थिति मौजूद कर दे।

'एक दिन भूल हो गयी। वह कुछ अपनी धुन में डूबी राह से गुजरती थी।' और वह भूल तभी होगी, जब तुम किसी धुन में होओगे। सभी गुरु तुम्हें कुछ धुन देते हैं। कोई तुम्हें मंत्र पकड़ा देता है; वह मंत्र सिर्फ धुन है—मन को उलझाने की। कोई तुमसे कहता है : राम-राम, राम-राम, राम-राम जपते रहो। चलो—उठो—बैठो—राम- राम जपते रहो। वह धुन दे रहा है, ताकि मन काम में लगा रहे और भाग न पाये। और चौबीस घंटे में कई बार तुम उस जगह आते हो, जहां बुद्ध सामने होते हैं।

अगर मन अपनी धुन में हो, तो शायद दुर्घटना हो जाये, भूल हो जाये। मन अगर अपनी धुन में चला जा रहा हो, तो देख न पाये—पहले से—कि 'बुद्ध' सामने हैं। और भाग न पा ये—गली आस-पास खोज न पाये। बिलकुल सामने पड़ जायें

'बुद्ध'—तभी धुन टूटे। अगर बिलकुल सामने पड़कर धुन टूटे, तो तुम भाग भी न सकोगे; क्योंकि पैर लकवा खा जायेंगे।

भय अगर बहुत हो, तो दौड़ नहीं हो सकती है। तुम समझ ही नहीं पाते, एक क्षण को तुम इतनी चौंकी अवस्था में रह जाते हो—इतने अवाक कि भागना कैसा? भागे कौन? भागना कहां है?—इस सबका मौका नहीं मिल पाता है।

...'वह कुछ अपनी धुन में डूबी राह से गुजरती थी।' मन को कोई धुन देनी पड़े—कोई मंत्र, कोई तंत्र, कोई यंत्र; वे सब धुन हैं।

मैं तुम्हें संन्यास देता हूं। वह एक धुन है। मैं तुम्हें एक धुन पकड़ा रहा हूं, कि तुम कहीं भी जाओ : उठो-बैठो—तुम्हें भी याद रहे, दूसरे भी याद दिलाते रहें कि तुम संन्यासी हो। यह एक सतत धुन बन जाये। यह 'बांसुरी' तुम्हारे भीतर बजती ही रहे कि मैं एक संन्यासी हूं।

एक मित्र मेरे पास आये; उन्होंने संन्यास लेने के पहले मुझसे कहा कि 'एक मुसीबत है। और वह यह है कि मैं शराब पीता हूं, तो मैं क्या करूं?' तो मैंने कहा कि 'तुम फिक्र छोड़ो। पहले तुम संन्यास लो, फिर देखेंगे।' संन्यास वे लेकर गये। आठ दिन बाद आये। उन्होंने कहा : 'झंझट खड़ी कर दी। क्योंकि अब शराब-घर की तरफ जाते पैर रुकते हैं। ये गेरुए वस्त्र...! अच्छा फंसाया मुझे। क्योंकि शराबी तक ऐसा चौंककर देखते हैं कि मैं कोई अपराधी हूं! शराबी—जिनसे अपनी पुरानी जान-पहचान है—वे तक कहते हैं : संन्यासी होकर...? और खुद भी बड़ी ग्लानि मालूम पड़ती है। हाथ में शराब लेता हूं, पच्चीस दफे सोचता हूं कि पीऊं, न पीऊं? अब शायद यह उचित नहीं है।'

एक धुन पकड़ गयी। और तुम्हें जब तक धुन न पकड़ जाये, जब तक मन किसी चीज में ऐसा लीन न हो जाये कि भूल जाये : कहां खड़ा है...। वह क्षण तो आता है—चौबीस घंटे में कई बार, जब तुम 'बुद्ध' के सामने पड़ते हो, लेकिन धुन लगी हो।

हजार तरकीबें लोगों ने खोजी हैं दुनिया में। माला ही कोई फेर रहा है, लेकिन वह धुन होनी चाहिए। तुम अगर माला फेर रहे हो—मुरदे की तरह, यंत्र की तरह, तो वह धुन नहीं है। मन कुछ और काम कर रहा है; तो बेकार है। माला फेरते वक्त अगर माला का फेरना ही सब कुछ हो जाये, वही धुन हो जाये, तो किसी भी क्षण अचानक तुम पाओगे कि भूल हो गयी। तुम उसी के सामने खड़े हो, जिससे अब

भागने का कोई उपाय नहीं है। तुम अपने ही सामने खड़े हो। सागर आ गया। अब नदी को मिटना पड़े।

...'भागने का समय भी न मिला।' अवाक होने का यही अर्थ है कि कुछ करने का समय न मिले। तुम चले जा रहे थे—अपनी मस्ती में और एक आदमी ने आकर तुम्हारी छाती पर बंदूक रख दी; भागने का समय भी न मिला; सोचने का भी समय न मिला। और जहां समय न मिले, वहीं तुम 'बुद्ध' के सामने आ जाओगे। क्योंकि समय मिला कि मन सोच लेता है। समय मिला कि मन यात्रा पर निकल जाता है। समय मिला कि जगह मिल गयी। समय मिला कि तुम दूसरे गांव पहुंच जाओगे।

समय के बिना मन नहीं हो सकता है, जैसे सागर के बिना मछली नहीं हो सकती। मछली को पटक दो किनारे, पानी न हो—तड़प-तड़पकर मर जायेगी। मन को पटक दो समय के बाहर, उसी वक्त मर जायेगा; तड़पेगा भी नहीं। मछली तो तड़पेगी—थोड़ी देर। मन को समय के बाहर रखो कि मरा; क्योंकि तड़पने लायक भी जिंदगी नहीं बचती।

समय मन का प्राण है। इसलिए सभी ज्ञानी कहते हैं कि ध्यान समयातीत है—बियांड टाईम—समय के बाहर है, कालातीत है।

...'समय ही न मिला। और फिर वह बुद्ध को सामने पा इतनी भयभीत हो गयी कि पैरों ने भागने से जवाब दे दिया।' पक्षाघात हो गया, लकवा लग गया। वह रुक गयी। उसे तो लगा कि जैसे उसकी मृत्यु ही सामने आ गयी है। भाग तो वह न सकी, पर आंखें उसने जरूर बंद कर लीं। इतना उपा य मन ने जरूर किया।

जब भी तुम भाग नहीं सकते, तब तुम आंख बंद करते हो। वह 'न कुछ करने से, कुछ करना बेहतर है।' —ऐसा मन सोचता है।

'... भाग तो वह न सकी, पर आंखें उसने जरूर बंद कर लीं। पर यह क्या! बंद आखों में बुद्ध ही दिखाई पड़ रहे हैं।' संसार में यह तरकीब काम आ जाती है। अगर तुम भाग न सको, तो आंख बंद कर लेना; क्योंकि संसार की चीजें बाहर हैं; आंख बंद कर ली, तो संबंध टूट गया। लेकिन यह बुद्ध का होना भीतर है। आंख बंद करने से तो वे और साफ दिखाई पड़ने लगे।

भूल—महा-भूल हो गयी। अपने ही हाथ वृद्धा मुश्किल में पड़ गयी। उसकी पुरानी तरकीब यह थी कि 'जिस चीज से भी बचना हो, आंख बंद कर लो।' उसी तरकीब का उसने उपयोग किया। और करोगे भी क्या! जो हम जानते हैं, उसी का

उपयोग करते हैं।

'उसने आंख बंद कर ली। आंख बंद करके पाया कि बुद्ध तो दिखाई ही पड़ रहे हैं। और गैरिक वस्त्रों में स्वर्ण-सा दीप्त उनका चेहरा सामने है। फिर उसने दोनों हाथों से अपनी आंखें ढंक लीं। पर आश्चर्यों का आश्चर्य उस क्षण घटित होने लगा। जितना ही करती वह आंखों को बंद, बुद्ध उतने ही सुस्पष्ट होते चले जाते।'

इसलिए ध्यान में आंखें बंद करने की व्यवस्था है; क्योंकि वह स्वयं का साक्षात्कार है; आंखें खुली रखने की जरूरत नहीं है। दूसरे को देखना हो, तो आंख खुली चाहिए। खुद को देखना हो, तो आंख बंद चाहिए। बंद आंख से तुम दूसरे को न देख सकोगे। खुली आंख से खुद को देखना बहुत मुश्किल होगा। इसलिए ध्यान कहता है : आंख बंद कर लो।

जैसे-जैसे आंख बंद की, चमत्कार मालूम होने लगा। आश्चर्य कि बुद्ध उतने ही सुस्पष्ट होते हैं। 'आह ! जितनी ही ढंकती है वह आंखों को, बुद्ध उतने ही भीतर आ गये मालूम होते हैं।' अब भागने की कोई भी जगह न बची। पैर ठिठक गये। आंख बंद करने का उपाय था—जाना-माना, परिचित—वह व्यर्थ हो गया। संघर्ष टूट गया।

'नहीं, अब कोई बचाव नहीं है।' और जिस क्षण मन को यह अनुभव होता है—'नहीं, अब कोई बचाव नहीं है'—समर्पण हो जाता है। जब तक उसे लगता है : कुछ बचाव है, तब तक वह प्रयास करता है।

'मृत्यु निश्चित है' और इस प्रतीति के साथ ही वह वृद्धा खो जाती है। और बुद्ध ही शेष रह जाते हैं।

एक बहुत ही बड़ी महत्वपूर्ण बात समझ लेने जैसी है कि जिस चीज का भी तुम्हें खयाल हो जाये कि निश्चित है, उस संबंध में तुम्हारा संघर्ष समाप्त हो जाता है। जब तक तुम्हें लगता है कि कुछ बदलाहट हो सकती है, तब तक तुम लड़ते हो, तब तक मन संघर्ष करता है। जैसे ही पक्का हो जाता है कि निश्चित है—अब कुछ नहीं हो सकता, कोई उपाय नहीं है—रत्तीभर हेर-फेर का—बात खतम हो जाती है।

युद्ध के मैदान पर लोगों का भय खो जाता है। सभी सैनिकों का अनुभव है कि युद्ध में जाने के पहले उनको बड़ा भय लगता है। वे सब उपाय करते हैं बचने के—कोई बीमार बनने का उपाय करता है, कोई डाक्टर का सर्टिफिकेट लाता है; किसी के घर कोई काम है। वे पच्चीस उपाय करते हैं। सब उपाय कर लेते हैं,

लेकिन जब कोई उपाय नहीं बचता है और युद्ध के मैदान पर जाना ही पड़ता है, तो—मनोवैज्ञानिकों ने अध्ययन किया है कि—युद्ध के मैदान पर जाते ही सैनिक का भय खो जाता है। क्योंकि जब आ ही गये और अब कोई उपाय ही बचने का नहीं है और जब बात निश्चित ही है, तो मन संघर्ष छोड़ देता है। तब पास ही बम के गोले गिरते रहते हैं, बौछार गोलियों की निकलती रहती है, पास ही मित्र-परिचित मरे पड़े रहते हैं और सैनिक बैठकर आराम से काम करता रहता है। भोजन भी करता है, सिगरेट भी पीता है, रेडियो भी सुनता है, अखबार भी पढ़ता है। सब जैसे जिंदगी यही है; सामान्य है सब कुछ, असामान्य कुछ नहीं हो रहा है।

मृत्यु निश्चित हो गयी, फिर स्वीकृति आ जाती है।

जब तक तुम सामने नहीं पड़े हो अपने, तब तक तुम बचाव करोगे। जिस दिन सामने पड़ जाओगे, लगेगा : अब कोई मार्ग नहीं है—तुम हथियार डाल दोगे।

'अब कोई बचाव नहीं है, मृत्यु निश्चित है और इस प्रतीति के साथ ही वह वृद्धा खो जाती है। बुद्ध ही शेष रह जाते हैं।'

वृद्धा तुम्हारे आत्मा के आस-पास बनी हुई परिधि है। जैसे ही तुम अपना साक्षात्कार करते हो, परिधि खो जाती है, केंद्र ही रह जाता है।

'और झेन फकीर सदियों से पूछते आ रहे हैं : बताओ वह वृद्धा कौन है।'

तुम ही वह वृद्धा हो, तुम ही वह बुद्ध हो। लेकिन अभी 'बुद्ध' का तुम्हें कोई पता नहीं और 'वृद्धा' की तुम्हें पहचान नहीं। वृद्धा तुम अभी हो, बुद्ध भी तुम अभी हो। लेकिन बुद्ध अंधेरे में छिपे हैं, वृद्धा प्रकाश में है। और तुम बुद्ध को जानते नहीं। तुम्हारी स्थिति उस भिखमंगे जैसी है, जिसे अपने ही खजाने का कोई पता नहीं है और वह भीख मांग रहा है—भिक्षा-पात्र लिए। और जब तक तुम्हें झलक न मिल जा ये—अपने खजाने की, तुम भीख मांगते रहोगे और दुखी होते रहोगे।

अब क्या किया जाये कि तुम्हें पता चल जाये—तुम्हारे खजाने का?

सब उपाय, सब योग, सब ध्यान, सब पूजा-प्रार्थना-अर्चना—सब उपाय, बस, इतनी-सी बात के हैं कि तुम एक बार भीतर देख लो; अपने आमने-सामने आ जाओ।

क्या किया जाये?—बस, मन को दूसरे गांव जाने का मौका मत दो। मन को विचार करने की सुविधा मत दो; मन को समय मत दो। एक क्षण को भी तुम दूसरे गांव न जाओ, एक क्षण को भी विचार की धारा बंद हो जाये, एक क्षण को भी तरंगें

न उठें—बुद्ध सामने आ जायेंगे।

सोचे कि तुम भटके। बिना सोचे रहे—कि मिलन हुआ।

अब इस दिशा में तुम्हें बड़ी मेहनत करनी पड़ेगी; क्योंकि मन पुराना है, आदतों के जाल में फंसा हुआ है।

मुल्ला नसरुद्दीन शराब का आदी था। और पत्नी रोज शराब के खिलाफ कुछ न कुछ प्रमाण ले आती थी। कभी अखबार की कटिंग ले आती थी, कभी कोई किताब ले आती—कि देखो। और एक दिन बड़े डाक्टरों का वक्तव्य था, अन्तर्राष्ट्रीय ख्याति के—कि शराब से ये-ये बीमारियां होती हैं। उसने लाकर वह कटिंग नसरुद्दीन को दी, कि देखो। नसरुद्दीन ने कहा : 'सब बकवास है। सब बातचीत है। सब प्रचार है। मैं खुद इतने दिन से पी रहा हूं और अभी तक कोई बीमारी नहीं हुई है। अनुभव से मैं कहता हूं कि यह सब बातचीत है।' नसरुद्दीन की पत्नी ने कहा : 'ये कहते हैं कि दस साल उम्र भी कम हो जायेगी।' नसरुद्दीन ने कहा : 'मौत अभी दूर है; जब आयेगी, तब निपट लेंगे।' और नसरुद्दीन ने कहा, 'बंद कर ये चीजें—मेरे सामने लाना। जब तक मैं मर ही न जाऊं, तब तक मैं शराब पीना बंद करनेवाला नहीं हूं।' उसकी पत्नी ने कहा : तुम्हें पक्का भरोसा है कि तुम मर के भी शराब पीना बंद करोगे? आदत तुम्हारी ऐसी है कि मुझे शक है कि तुम मरकर भी पीओगे।'

आदत पीछा करती है। और आदत से तुम्हारा ऐसा तादात्म्य हो जाता है, कि तुम यह सोच ही नहीं पाते कि आदत और तुम, अलग-अलग हो। तुम आदत ही हो जाते हो; उसी के साथ एक रूप हो जाते हो।

मन की सारी ताकत यही है कि वह तुम्हारी सभी आदतों का जोड़ है। और तुम उसके साथ एक-रूप हो गये हो। तुमने मान लिया है कि तुम वृद्धा हो। यह मान्यता तोड़नी है। और इस मान्यता को तोड़ने का एक ही उपाय है कि तुम चेष्टा में संलग्न हो जाओ। दूसरे गांव मत जाओ। अभी तुम दस मील दूर जाते थे; कोशिश करोगे तो नौ मील जाओगे, आठ मील जाओगे, एक मील जाओगे।

कोशिश जारी रहे। और 'धुन' पैदा करो, ताकि मन एक गीत में, एक लय में तल्लीन रहे। और कभी आकस्मिक दुर्घटना भी घटती है। कभी, अचानक तुम सामने आ जाओगे। मन लीन रहेगा तो यह कहानी घट जायेगी।

यह घटना ऐसे ही घटती है कि मन लीन हो—भूल-चूक हो जाये, तुम आमने-

सामने पड़ जाओ; भागने की जगह न बचे; सोचने का उपाय न रहे; मृत्यु निश्चित हो जाये; तुम हथियार डाल दो। और समर्पण होते ही सब कुछ हो जाता है।

नदी डरती है—व्यर्थ ही। 'सागर में खोती है'—ऐसी भ्रांति है उसे। नदी रहेगी ही। क्योंकि जो भी है, वह खोता कभी नहीं। नदी सागर होकर रहेगी। अब तक क्षुद्र थी; सीमाओं में बंधी थी, किनारे थे। अब कोई किनारे न होंगे; अब विराट के साथ तादात्म्य हो जायेगा।

नदी मिटती नहीं है, सागर हो जाती है। लेकिन यह तो जो नदी मिट जा ती है, उसको पता चलता है। जो नदी अपने किनारे से बंधी है, वह डरती है। वह भयभीत होती है कि मेरा रूप, मेरा तादात्म्य, मेरी आइडेंटिटी, मेरा नाम खो जायेगा, मेरे किनारे खो जायेंगे।

मन भी डरता है। मन नदी है; बुद्धत्व का सागर है।

थोड़ी, एक झलक—खोने की, फिर तुम निर्भय हो जाओगे। फिर तुम्हारे पैर में बल आ जायेगा। फिर तुम छलांग ले सकोगे।

धुन पैदा करो—किसी भी बहाने। वह धुन कोई भी हो, लेकिन सच्ची हो। ऊपर-ऊपर हो, तो कोई सार नहीं। तुम ऊपर-ऊपर राम-राम जपते रहो और भीतर बाजार चलता रहे, तो कोई सा र नहीं है। धुन ऐसी हो कि तुम उसमें लग जाओ। धुन ऐसी हो कि तुम्हारा कोई आपरेशन भी करे और तुम अपनी धुन में लगे हो, तो तुम्हें आपरेशन का पता न चले।

काशी के नरेश का आपरेशन हुआ—सन १९१० में। उसने कसम ले रखी थी कि वह किसी तरह का मादक द्रव्य नहीं लेगा। तो बड़ी कठिनाई खड़ी हुई। क्योंकि बिना बेहोशी का कुछ इंजेक्शन दिये आपरेशन नहीं हो सकता था। अपेंडिक्स का आपरेशन था; लंबा आपरेशन था, खतरनाक था। और पीड़ा होनी स्वाभाविक थी। तो काशी के नरेश ने कहा : 'तुम भयभीत न होओ। बस, मेरी गीता मुझे दे दो। मैं गीता को गुनगुनाता रहूंगा, तुम आपरेशन कर लेना।'

डाक्टरों को भरोसा न हुआ। क्योंकि आपरेशन अपेंडिक्स का—! पेट पूरा खोलना पड़ेगा। घंटेभर, दो घंटे लगेंगे; क्या भरोसा; इस आदमी की धुन टूट जाये! यह कहता तो है, पर अनुभव क्या है इसको? पहले कभी ऐसा आपरेशन तो हुआ नहीं है। तो उन्होंने कहा कि तुम प्रयोग शुरू करो। और सब तरह से खीलें चुभाईं, छुरियां चुभाईं—हाथ में, पैर में; सब तरह की पीड़ा देकर देखी कि किसी पीड़ा से

धुन तो नहीं टूटती। धुन टूटी ही नहीं। वह आदमी अपनी गीता ही पढ़ता रहा, जैसे उसे पता ही न चला।

साधारण जीवन में भी ऐसा घटता है। यह कुछ चमत्कार नहीं है। एक बच्चा खेल रहा है—हाकी के मैदान पर। पैर मे चोट लग जाती है, खून बह रहा है और वह दौड़ रहा है। उसे पता ही नहीं है। धुन लगी है।

जब धुन लगी होती है, तो न शरीर का पता होता है, न संसार का पता होता है। धुन लगे होने का यही मतलब है कि सब भूल गया। तुम किसी एक चीज में ऐसे लीन हो गये कि कुछ भी न बचा, बस, यही एक चीज बची। फिर वही मंत्र हो जाता है।

फिर उन्होंने आपरेशन किया और आपरेशन सफल हुआ। और वह आदमी अपनी गीता पढ़ता रहा। वह पहला आपरेशन था—बिना किसी अनेस्थेसिया के।

क्या थी कला?—कला कुल इतनी थी कि वह अपनी गीता में लीन था।

जब सारा ध्यान लीन हो कहीं—बचता ही न हो कहीं और जाने को—तब धुन...। ऐसी धुन पैदा करो, तो अचानक तुम किसी दिन पाओगे कि तुम 'बुद्ध' के सामने पड़ गये। 'वृद्धा' अब भाग नहीं सकती। और जब कोई उपाय नहीं रहता है, 'वृद्धा' समर्पण कर देती है।

और समर्पण सत्य का द्वार है।

5

सहजै सहजै सब गया

ओशो,

आपने इस प्रवचनमाला का आरंभ संत कबीर के पद : 'सहज समाधि भली' के विशद उदघाटन से शुरू किया था। इसलिए इस समापन के दिन हम आपसे प्रार्थना करेंगे कि कबीर के कुछ और पदों का अभिप्राय हमें समझाएं :

सहज सहज सब कोइ कहै, सहज न चीन्है कोइ।
जा सहजै साहब मिलै, सहज कहावै सोइ।।
सहजै सहजै सब गया, सुत वित काम निकाम।
एकमेक ह्वै मिली रह्या, दास कबीरा नाम।।
जो कछु आवै सहज में, सोइ मीठा जान।
कड़ुवा लागै नीम-सा, जामें ऐंचातान।
सहज मिलै सो दूध सम, मांगा मिलै सो पानि।
कह कबीर वह रक्त सम, जामें ऐंचातानि।।

जिन्होंने भी जाना—उन्होंने सदा निष्प्रयास से जाना, अप्रयत्न से जाना। ठीक होगा कहना कि उन्होंने खोजा नहीं, उन्हें मिला। वे परमात्मा के मंदिर तक नहीं पहुंचे, परमात्मा उनके हृदय तक आया। और तुम उस तक पहुंच भी कैसे सकोगे ! उसके मंदिर का कोई अता-पता, कोई ठिकाना भी नहीं है। तुम उसे खोजोगे कहां? और तुम्हीं तो खोजोगे ! और तुम अगर गलत हो, तो तुम्हारी खोज गलत हो जायेगी। यात्रा कौन करेगा?—तुम यात्रा करोगे और तुम अगर भ्रांत हो, तो सभी दिशाएं—जिनमें तुम जाओगे—भ्रांत हो जायेंगी। उसका मंदिर भी सामने आ जाये, तो भी तुम पहचान न पाओगे। वह तुम्हें रास्ते पर भी मिल जाये, तो तुम उससे बचकर निकल जाओगे।

असली सवाल परमात्मा का नहीं है, असली सवाल तुम्हारा है। और अगर तुम्हारे पास आंखें हों, तो इंच भर भी हिलने की जरूरत नहीं, क्योंकि तुम जहां हो, तुम उसे वहीं देख लोगे। पत्ते-पत्ते में, कंकड़-पत्थर में, हवा के हर झोंकें में 'वही' मौजूद है; उसे खोजने की जरूरत क्या है ! लेकिन तुम उसे देख नहीं पाते; तुम उसके स्पर्श को अनुभव नहीं कर पाते, तब तुम बड़ी ऐंचातान करते हो !

कबीर बड़ा मजेदार शब्द उपयोग कर रहे हैं। तुम बड़ी 'ऐंचातान' करते हो, तुम बड़ा प्रयास करते हो। तुम शीर्षासन लगाते हो, नाक बंद करते हो, आंखें मूंदते हो। तुम उलटे- सीधे होते हो; तुम हजार तरह के अभ्यास और व्यायाम करते हो। तुम न मालूम कैसा-कैसा योग साधते हो ! क्योंकि परमात्मा को पाना है। जैसे कि परमात्मा दूर हो और रास्ता हो बीच में—जिसको पार करना है ! जैसे कि परमात्मा कुछ ऐसा हो कि जैसे तुम हो, उसमें मिल ही न सकेगा।

आखिर तुम में कमी क्या है? तुम्हें परमात्मा ने बनाया है; तुममें कमी हो भी कैसे सकती है। और तुम्हारी हर कमी, 'उसकी' कमी की खबर देगी। क्योंकि जब गीत में कुछ भूल मिल जा ये, तो गीत का कसूर नहीं होता है; कवि फंस जायेगा। और जब संगीत आड़ा-टेढ़ा जाने लगे, तो संगीतज्ञ फंसेगा। तुम अगर जरा भी गलत हो,

तो परमात्मा का सृजन ही गलत है। तुम बिलकुल पूरे हो। अधूरा वह बनाता ही नहीं।

तुम जैसे हो, ऐसे ही काफी हो—यह सहज-योग की पहली धारणा है। तुम जैसे हो, उसमें रत्ती भर भी ऐंचातान करने की जरूरत नहीं है। उलटे-सीधे होने का कोई अर्थ नहीं है। और तुम्हारी ऐंचातान, तुम्हारा प्रयत्न, तुम्हारा श्रम—और उलझायेगा; सुलझायेगा नहीं।

बुद्ध एक रास्ते से गुजरते हैं, दोपहर है घनी—तेज है धूप, पसीना बहता है। और उन्हें प्यास लगी है। तो आनंद को उन्होंने—एक वृक्ष के नीचे बैठकर—कहा कि 'तू जा, पीछे हम झरना छोड़ आये हैं, वहां सेतू पानी भर ला।'

आनंद गया; कोई दो मील दूर था झरना। लेकिन जब पहुंचा तो पाया कि उसके जाने के ठीक पहले ही कुछ बैलगाड़ियां झरने से निकली हैं। उन बैलगाड़ियों के निकलने से उस छिछले झरने में बड़ी गंदगी ऊपर उठ आई थी। जो वर्षों से नीचे बैठा होगा—कूड़ा-करकट, वह सब ऊपर फैल गया। पानी गंदा हो गया; पीने योग्य न रहा। और फिर बुद्ध के लिए ऐसा गंदा पानी ले जाये आनंद, यह असंभव था।

वह वापस लौट आया। उसने बुद्ध को कहा कि 'वह पानी पीने योग्य नहीं रहा।' जहां तक मैं समझता हूं—आगे मार्ग पर—कोई चार मील के फासले पर एक नदी है; मैं वहां से पानी ले आऊं।' बुद्ध ने कहा कि 'नहीं; तू वापस जा; पानी वही लाना है। पानी-पानी में क्या भेद है आनंद !' बुद्ध ने कहा, तो आनंद को फिर वापस लौट जाना पड़ा।

आनंद बड़ी मुश्किल में पड़ गया। वहां गया; कचरा था; पानी गंदा था , तो सोचा : एक ही उपाय है, उसे ही शुद्ध करके ले जाऊं। तो वह उतर गया झरने में और कोशिश करने लगा कि गंदगी को हटा दे। जितनी उसने कोशिश की, पानी और गंदा हो गया। उसके प्रवेश करने से ही—और कचरा उठ आया। जो बैठ गया होगा, वह फिर वापस ऊपर आ गया। वह तो और मुश्किल में पड़ गया। अब तो उसने और गंदा कर लिया।

वह फिर वापस लौटा। उसने बुद्ध को कहा : 'आप मत रोकें। वह पानी पीने योग्य नहीं है। और मैंने कोशिश की—प्रवेश करके—शुद्ध करने की, तो वह और अशुद्ध हो गया।' बुद्ध ने कहा : 'पागल ! जब झरना गंदा हो, तो किनारे बैठकर चुपचाप राह देखनी चाहिए। उतरा कि और मुश्किल हो जायेगी। तू वापस जा।'

लेकिन आनंद ने कहा : 'जो कोशिश करने से भी शुद्ध नहीं हो रहा है, वह सिर्फ बैठने से कैसे शुद्ध होगा !'

यही तुम सब कह रहे हो। यही सारी बुद्धि का हिसाब है—कि जो चेष्टा करने से नहीं हो पा रहा है, वह निश्चेष्टा में कैसे होगा !

आनंद ने कहा : 'यह होनेवाला नहीं है। लेकिन आप कहते हैं, तो मैं जाता हूं। मैं बैठूंगा।' वह निराश... यह श्रम व्यर्थ ही जा रहा है—आने-जाने का। फिर झरने पर वापस लौटा। अब बुद्ध ने कहा था, तो कोई उपाय भी न था।

आनंद ने तो बुद्ध की वजह से मान भी लिया, किनारे बैठ गया। हालांकि उसकी बुद्धि इनकार करती थी ! तुम वह भी मानने को तैयार नहीं हो। और शिष्य जब तक 'सोचता' है, तब तक उसकी बुद्धि—गुरु जो कहता है, उसे इनकार करेगी। अगर प्रेम जग गया हो—गुरु के प्रति, तो वह अपनी बुद्धि की नहीं सुनेगा। बुद्धि तो कहेगी ही कि यह होनेवाला नहीं है। लेकिन प्रेम अगर जग गया हो, तो प्रेम कहेगा : 'कहा है गुरु ने, तो करके देख लो।'

अगर गुरु के साथ तुम्हारा हृदय है, तो ही तुम्हारा बुद्धि से संबंध टूटेगा। अगर गुरु से भी तुम्हारा संबंध सिर्फ बुद्धि का है, तो गुरु से तुम्हारा कोई संबंध ही नहीं है। क्योंकि बुद्धि उस पार की बात को समझ ही नहीं सकती।

और गणित साफ है कि मेहनत से नहीं मिल रहा है, तो बिना मेहनत के कैसे मिलेगा ! दौड़कर नहीं पहुंच रहे हैं और तुम कहते हो : 'बैठकर पहुंच जाओगे !' हम पसीने-पसीने हुए जा रहे हैं और मंजिल नहीं आ रही है। और तुम कह रहे हो : 'विश्राम करो और मंजिल आ जायेगी !' हम जन्मों से भटक रहे हैं और पहुंच नहीं पाए और तुम कहते हो : 'बैठ जाओ यहीं—मंजिल है।'

यह बात ही बुद्धि के बाहर हो जाती है। लेकिन गुरु से अगर हृदय का संबंध हो जाये, तो तुम्हारी बुद्धि कहती रहती है, लेकिन तुम अनसुना करते हो।

आनंद को जंची तो नहीं बात; किसी शिष्य को कभी नहीं जंची। लेकिन उसने कहा कि 'जब बुद्ध ने कहा है, तो पूरा करना ही होगा।' भरोसा भी नहीं आया; किसी शिष्य को कभी नहीं आया है। लेकिन भरोसा भी न आता हो—संदेह भी होता हो—तब भी यदि हृदय का तार जुड़ा हो, तो श्रद्धा नष्ट नहीं होती।

श्रद्धा कहीं संदेह से नष्ट हो सकती है ! श्रद्धा हो ही न, तो बात अलग है। अन्यथा श्रद्धा बनी रहती है, संदेह किनारे पर रहता है। संदेह गौण रहता है, श्रद्धा

केंद्र पर रहती है।

आनंद ने कहा : 'बुद्ध कहते हैं, तो जरूर कोई मतलब होगा। वह मतलब मेरी समझ में नहीं आ रहा है। और यह भी मैं जानता हूं कि पानी अपने आप शुद्ध होने वाला नहीं है। लेकिन अब उनकी मरजी; प्यासे रहना है, तो प्यासे रहें। मैं तो दूसरी नदी पर जाने को तैयार था।'

वह बैठ गया। न मालूम क्या-क्या बातें सोचने लगा होगा। यह तो बात ही सही नहीं थी कि नदी शुद्ध हो जायेगी। घड़ी दो घड़ी बीती होंगी, तब उसने चौंककर देखा कि वह नदी शुद्ध हुई जा रही है ! पत्ते बह गये हैं। गंदगी नीचे बैठ गयी है। पानी ऐसा शुद्ध होता जा रहा है, जैसा कि था ।

गंदगी विजातीय है; वह पानी का स्वभाव नहीं है। उठ आई थी; बाहर से आई थी; बैठ जायेगी। और जब पानी में गंदगी थी, तब पानी गंदा नहीं था। तब भी गंदगी और पानी अलग-अलग थे। उनका फासला बहुत कम था, लेकिन फासला था। वे एक ही नहीं हो गये थे। अगर पानी ही गंदा हो गया होता, तो फिर शुद्ध होने का कोई उपाय न था। अगर पानी गंदगी के साथ एक हो गया होता, तो फिर कितनी ही ऐंचा तानी करते, कुछ होनेवाला नहीं था।

लेकिन बिना ऐंचातानी किये आनंद बैठा रहा। धीरे-धीरे, धीरे-धीरे झरना साफ हो गया। स्वच्छ जल उभर आया। चकित हुआ। नाचता हुआ पानी लेकर वापस लौटा। नाचता हुआ क्यों? क्योंकि अब उसे खयाल में आया कि बुद्ध का प्रयोजन क्या था। यह प्यास तो सिर्फ बहाना थी। और इस झरने पर बार-बार भेजना और नदी पर न जाने देना, एक तरकीब—एक डिवाइस थी।

बुद्ध ने पूछा : 'आनंद, इतना प्रसन्न, इतना नाचता हुआ क्यों लौट रहा है?' तो आनंद ने कहा : 'बात समझ में आई। मैं शुद्ध नहीं हो पा रहा हूं, क्योंकि बड़ी ऐंचातानी कर रहा हूं। मन शुद्ध नहीं हो पा रहा है, क्योंकि मैं घुस-घुस जाता हूं; शुद्ध करने की चेष्टा करता हूं। समझ गया। अब मैं मन के किनारे भी बैठ रहूंगा।'

'अब बहने दो मन के झरने को; और रहने दो—कितनी देर गंदा रहता है। गाड़ियां गुजर गई हैं —बहुत जन्मों की। बहुत चाक गुजर गये हैं, बहुत गंदगियां उठ गई हैं। लेकिन एक बात बिलकुल साफ हो गई है कि मैं गंदा नहीं हूं। गंदगी कितनी ही आस-पास हो, मेरा स्वभाव गंदा नहीं।' तो जो स्वभाव नहीं है, वह अपने आप चला जायेगा, उसे हटाने की कोई जरूरत नहीं है। जो स्वभाव है, वह कभी

भी न जायेगा। उसे भुलाने की भी कोई जरूरत नहीं है।

क्रोध आता है; वह तुम्हारा स्वभाव नहीं है। कोई गाड़ी गुजर गई—गंदगी उठ गई; कचरा ऊपर आ गया। वासना उठती है; वह तुम्हारा स्वभाव नहीं है। बुद्ध ने कहा है : 'जो सदा न रहे, वह स्वभाव नहीं है।'

कितनी देर वासना रहती है? अंततः छूट ही जाती है। कितनी देर क्रोध टिकता है? करो या न करो। क्रोध को शाश्वत तो न बना सकोगे ! सदा तो क्रोधी न रह सकोगे। बड़े से बड़ा क्रोधी भी शिथिल होगा। कितनी देर कोई अपनी प्रत्यंचा को खींचे रख सकता है? हाथ थक जायेंगे। बड़े से बड़ा योद्धा भी अपनी प्रत्यंचा को ढीली करके किनारे रख देता है। तब प्रत्यंचा का—तना होना—स्वभाव नहीं हो सकता ।

तुम तब तने हो, जब कोई गाड़ी गुजर गई, झरना गंदा हो गया। अब करोगे क्या? दो ही उपाय दिखते हैं : या तो कुछ करो और या किनारे पर बैठे रहो। सहज-योग कहता है : किनारे बैठे रहो। सिर्फ साक्षी हो रहो। कुछ भी मत करो। बस, देखते रहो। इससे ज्यादा जरूरत नहीं है। सिर्फ तुम देखोगे, तो तुम्हारी आंखें उपद्रव खड़ा नहीं करेंगी। और तुमने कुछ भी किया—जरा-सी भी ऐंचातानी की कि तुम और उलझा लोगे।

तुम्हारी उलझन इतनी नहीं, जितनी तुम समझ रहे हो। जितनी तुम समझ रहे हो, उसमें बहुत-सी तो तुम बड़ी मेहनत से पैदा कर रहे हो। तुम्हारी अड़चन इतनी नहीं है, जितनी दिखाई पड़ती है। हजार-गुना होकर दिखाई पड़ती है; क्योंकि तुम खड़े नहीं हो; तुम सुलझाने में लगे हो। और जितनी ही सुलझाते हो, उतना ही तुम पाते हो कि उलझती जाती है बात। जिंदगी भर का अनुभव है, लेकिन फिर भी निष्कर्ष नहीं लेते हो !

तुमने क्या सुलझा लिया है— जिंदगी में? जहां-जहां तुम सुलझाने गये हो, वहां-वहां बात उलझ गयी है ! क्या सुलझा पाये हो? काम-वासना को सुलझाने लगते हो, ब्रह्मचर्य हाथ में नहीं आता; विकृति हाथ आती है—परवर्शन हाथ आता है। क्रोध को सुलझाने जाते हो, करुणा हाथ नहीं आती; सिर्फ दमित क्रोध मवाद की तरह पूरी देह और मन-प्राण में भर जाता है।

तुम क्या सुलझा पाये हो? हाथ में एक भी सुलझा हुआ सूत्र नहीं है; हालांकि सुझाने की तुम बड़ी कोशिश कर रहे हो।

कबीर कहते हैं कि तुम्हारी कोशिश ही तुम्हारी मुसीबत है। मत करो ऐंचातानी। जरा बैठो भी। सुलझाकर नहीं सुलझा पाये, तो अब बैठकर देख लो। यह भी देख लेने जैसा है।

तुम्हारा मन कहेगा कि 'यह गणित जंचता नहीं है। जो इतने श्रम से नहीं हो पा रहा है, वह बिना श्रम के कैसे होगा !' इसलिए धर्म गणित के भीतर नहीं है या धर्म का गणित कुछ और ही है। और वह गणित यह है कि संसार में कुछ पाना हो, तो दौड़ना पड़ेगा। वह संसार का गणित है। और परमात्मा में कुछ पाना हो, तो ठहरना पड़ेगा। उलटा है। वे यात्राएं विपरीत हैं।

संसार में कुछ पाना हो, तो मेहनत करनी पड़ेगी, श्रम करना पड़ेगा, प्रयास करना पड़ेगा। यहां बिना प्रयास के कुछ भी न मिलेगा। क्योंकि यहां भारी प्रतियोगिता है। तुम अगर खड़े रहे किनारे, तो दूसरे नहीं खड़े रहेंगे। वे छीन-झपट करके ले जायेंगे। लेकिन परमात्मा में अगर कुछ पाना हो, और तुमने छीन-झपट की कि तुम चूक जाओगे। वहां छीना-झपटी चलती ही नहीं। वहां तुम खड़े ही रहो तो ही—तो ही तुम पा सकोगे।

और ध्यान रहे : जगत में प्रतियोगिता है; परमात्मा में कोई प्रतियोगिता नहीं है। अगर किसी दूसरे ने परमात्मा पा लिया, तो परमात्मा कम नहीं हो जायेगा ! तुम्हारे लिए उतना ही बचेगा; जितना उसके पाने के पहले था। लेकिन संसार में अगर किसी ने पद पा लिया, तो पद अब बचा नहीं। इसलिए वहां दौड़ है। इसलिए वहां प्रतिस्पर्धा है, प्रतियोगिता है। वहां तुम अकेले नहीं हो। वहां तुम जो भी पाओगे, वह किसी से छीनकर पाओगे।

ससार की जीवन व्यवस्था शोषण की है। वहां शोषण किये बिना कुछ उपा य ही नहीं है। तुम्हारे पास धन है, तो कोई निर्धन हो जायेगा। तुम्हारे पास महल है, तो किसी का झोपड़ा छोटा हो जायेगा। तुम्हारा महल बड़ा होगा, तो कई मकान छोटे होंगे। इसके सिवाय कोई उपाय नहीं है।

लेकिन परमात्मा में कोई प्रतियोगिता नहीं है। तुम पूरे परमात्मा को पा लो, तो भी पूरा परमात्मा बाकी रहेगा। वही उपनिषद कहते हैं : 'पूर्ण से पूर्ण ले लो, तो भी पूर्ण पीछे शेष रह जाता है।' कुछ खर्च नहीं हो रहा है; वहां, तुम्हारे लेने से, कुछ कट नहीं रहा है, बंट नहीं रहा है। कितने ही लोग परमात्मा को पा लें, परमात्मा का होना सदा उतना का उतना है।

सत्य में कोई शोषण नहीं है। संसार में बिना शोषण—कोई उपाय नहीं है। दोनों रास्ते बिलकुल विपरीत हैं। संसार में श्रम मार्ग है; और परमात्मा में—विश्राम।

सहज-योग का अर्थ है : विश्राम की दशा—जब तुम कुछ भी नहीं कर रहे हो—जब तुम, बस, बैठे हो और देख रहे हो। संसार के देखे तो लगेगा यह आलस्य है। इसलिए संसार ने संन्यासी को सदा आलसी समझा है—जो कुछ भी नहीं कर रहा है। संसार उसको मूल्य भी नहीं देता। और अब तो कठिन हो गया है—संन्यासी को जीना। क्योंकि, जो कुछ भी नहीं कर रहा है, उसका क्या मूल्य है? वह जीने का हकदार भी नहीं है। लेकिन पूरब ने इस रहस्य को समझा कि एक और जगत भी है, जहां बिना कुछ किये पाने की संभावना है।

और हमने संन्यासी को गृहस्थ से ज्यादा मूल्य दिया था; यह मूल्य हमारे अनुभव पर आधारित था। जो 'यहां' कुछ भी करता हुआ दिखाई नहीं पड़ता, वह 'वहां' बहुत कुछ पा रहा है। लेकिन वह अदृश्य लोक है, उसको तिजोड़ी में भरकर दिखाया नहीं जा सकता। वह तो उनके ही खयाल में आ येगा, जिनकी आंखें खुलेंगी। उसकी सुगंध तो उनको ही मिलेगी, जो उस लोक की तरफ दृष्टि को उठायेंगे।

सहज-योग का अर्थ है कि तुम जैसे हो—पूरे हो। रत्ती भर भी कमी नहीं है। और अगर कचरा कुछ उठ आया है, तो तुमने ही शोरगुल मचा दिया है; तुमने ही श्रम करके उसे उठा लिया है। तुम किनारे बैठ जाओ। चीजों को सहजता से अपनी जगह पहुंच जाने दो, स्वभाव को थिर हो जाने दो।

तुम परमात्मा हो। परमात्मा कोई उपलब्धि नहीं है। परमात्मा तुम्हारा 'होना' है—तुम्हारे होने का ढंग है। पापी भी उतना ही परमात्मा है, जितना पुण्यात्मा। लेकिन फर्क क्या है? पुण्यात्मा बैठा है और पापी कोशिश कर रहा है। बुरा आदमी उतना ही परमात्मा है, जितना भला आदमी। बुरे आदमी ने उलझन बना ली है। और जितना सुलझा रहा है, उलझता जा रहा है। भला आदमी रुक गया है, तो उलझन अपने आप सुलझ जाती है।

याद रखना उस झरने को, जिसके किनारे बैठकर आनंद को जीवन का सूत्र मिला। तो तुम्हें सहज-योग की परिपूर्ण प्रक्रिया खयाल में आ जायेगी।

अब हम कबीर के सूत्र को समझें। एक-एक शब्द बहुमूल्य है। और कबीर से ज्यादा कीमती शब्द खोजना निश्चित ही कठिन है; क्योंकि कबीर जैसा आदमी खोजना कठिन है।

'सहज सहज सब कोइ कहै, सहज न चीन्है कोइ। जा सहजै साहब मिलै, सहज कहावै सोइ।' कबीर कहते हैं : सभी लोगों ने सहज-सहज की रट लगा रखी है, लेकिन सहज कोई पहचानता नहीं।

सहज की पहचान क्या है? वृक्ष की पहचान है : फल; और कोई पहचान नहीं है। फल ही बतायेगा कि वृक्ष नीम का है, कि आम का है। सहज की पहचान क्या है? 'जा सहजै साहब मिलै, सहज कहावै सोइ।' जिससे परमात्मा मिल जाये, जिसमें परमात्मा का फल लग जाये। 'साहब' कबीर का शब्द है—परमात्मा के लिये। जिससे साहब मिले, वही सहज है। बातचीत से कुछ न होगा, फल होना चाहिए। जहां परमात्मा दिखाई पड़े, वहीं समझना कि सहज का कोई अर्थ है। यह समझ लेने जैसी बात है।

कोई आदमी परमात्मा की चर्चा करता रह सकता है—जन्मों-जन्मों तक। इससे कोई हल नहीं होता। शायद चर्चा यही बताती है कि जो नहीं मिला है, उसे आदमी शब्दों से भरने की कोशिश कर रहा है, भुलाने की कोशिश कर रहा है।

परमात्मा का सबूत शब्दों में नहीं है; परमात्मा का सबूत व्यक्तित्व में है, आंखों में है, होने के ढंग में है।

बुद्ध परमात्मा की बात नहीं करते; लेकिन पहचानने वालों ने उन्हें पहचान लिया और बुद्ध को भगवान कहा। और बुद्ध कहते हैं : 'कोई भगवान नहीं है; कोई परमात्मा नहीं है। बस, तुम्हीं सब कुछ हो।' लेकिन बुद्ध के होने के ढंग में परमात्मा है; फल वहां लगा हुआ है। आम खुद ही चिल्ला-चिल्लाकर कहे कि 'आम होता नहीं,' तो भी तुम देख पाओगे कि आम लगा है। तुम स्वाद भी ले सकते हो। बुद्ध के शब्द मत पकड़ लेना। वे शब्द बड़ी होशियारी से काम में लाये गये हैं।

बुद्ध कहते हैं : 'कोई परमात्मा नहीं है, कोई आत्मा नहीं है, कोई मोक्ष नहीं है। सब बकवास है।' यह उन लोगों से छुटकारा पाने का उपाय है, जो बकवास के बड़े आदी हैं। वे लोग, जो शब्दों में ही जीते हैं, इतना सुनकर ही वापस लौट जायेंगे। जब परमात्मा ही नहीं है, तो यह आदमी नास्तिक है। और उनके द्वार ही बंद हो जायेंगे। और इस आदमी में परमात्मा का फल लगा है, यह उन्हें दिखाई ही न पड़ेगा।

पंडित वापस लौट जायेंगे। लेकिन जिनकी प्यास सच्ची है, वे कहेंगे : 'यह आदमी कुछ भी कहता हो—हम इसकी सुनें या इसको देखें! हम इसके शब्दों को

मानें या 'इसको मानें ! और इस आदमी में मीठा फल लगा है—परमात्मा का। जरूर इसके कहने में कोई तरकीब है। यह व्यर्थ के लोगों से बचने का उपाय है। हम तो स्वाद लेंगे।' वे लोग रुक जायेंगे। उनके लिए बुद्ध ही भगवान हैं।

सभी ज्ञानियों को कुछ उपाय करने पड़ते हैं, जिससे व्यर्थ के लोगों को बाहर रोका जा सके। क्योंकि व्यर्थ का एक आदमी भी—जैसे एक सड़ी मछली सभी मछलियों को सड़ा दे, वैसे ही व्यर्थ का एक आदमी शेष को भी उलझाने का कारण बन जाता है। जैसे बीमारी संक्रामक होती है, ऐसे ही व्यर्थता भी संक्रामक होती है। जैसे बीमार आदमी के पास बैठकर तुम्हारे बीमार होने का डर पैदा हो जाता है, व्यर्थ आदमी के पास बैठकर तुम्हारे जीवन में व्यर्थता के बढ़ने की संभावना बढ़ जाती है।

तो बुद्ध कहे चले जाते हैं कि 'नहीं कोई परमात्मा, नहीं कोई आत्मा , नहीं कोई मोक्ष।' फिर जो रुक जाता है, उसके लिए बुद्ध द्वार खोल देते हैं—परमात्मा का, आत्मा का, मोक्ष का । लेकिन वह द्वार भी वे तभी खोलते हैं, जब वह आदमी फल को देखता है। क्योंकि फल ही सबूत है। 'आम क्या कहता है,' इसको सुनियेगा कि 'आम क्या है', इसको देखियेगा?

कबीर कहते हैं : 'जा सहजै साहब मिलै, सहज कहावै सोइ।' बस, एक ही सबूत है सहज का कि उससे साहब मिल जाये, कि साहब प्रकट हो जाये। जो सहज की बात कर रहा है, उसे सहज का कोई पता ही नहीं है। क्योंकि सहज का अर्थ है कि साहब भीतर है; खोज बंद हो गई।

रिन्झाई एक फकीर हुआ—जापान में। जापान के एक पर्वत पर—जहां एक बड़ा तीर्थ स्थान है—हजारों लोग वहां यात्रा करने जाते हैं। रिन्झाई उस पर्वत के नीचे रास्ते के किनारे तीस वर्षों तक रहा। कभी पर्वत के ऊपर गया नहीं; वहां से कोई चार-पांच मील का ही फासला था।

हजारों लोग पैदल यात्रा करते। रिन्झाई को सैकड़ों लोग पहचानते थे। तीर्थयात्री निकलते थे, तो वे पूछते थे : 'रिन्झाई, ऊपर नहीं चलोगे?' तो रिन्झाई कहता : 'हम ऊपर हैं।' कोई पूछता : 'तीर्थयात्रा न करोगे?' रिन्झाई कहता : 'यात्रा पूरी हो गयी; मंजिल आ गई।' कोई पूछता : 'हम जा रहे हैं ऊपर। रिन्झाई, अगर तुमसे चलते न बनता हो, दो डोली कर दें। या अपने कंधे पर ले लें।' तो रिन्झाई कहता 'तुम जहां जा रहे हो, वहां मैं हूं। अब जाना कहां है !'

जो देख सकता था—कभी हजार में एक आदमी—वह फिर तीर्थयात्रा को नहीं

जाता था। वह रिन्झाई के पास रुक जाता था। इसीलिए रास्ते के किनारे वहां वह बैठा रहता था। जो देख लेता था, जो समझ पाता इस आदमी को, जिसको जरा-सी भी इसकी झलक पकड़ में आ जाती, वह इसके पैर पकड़ लेता। वह कहता : 'अब हम भी वहां न जायेंगे। अब वहां क्या रखा है ! और इतने लोग आ रहे हैं, जा रहे हैं और हजार साल से यह सिलसिला चलता है। लोग आते हैं, जाते हैं...!

तीर्थयात्रा तीर्थों में नहीं है; तीर्थयात्रा तो उनके पास जाने में है, जिनको साहब मिल गया हो। और रिन्झाई सिद्ध कर रहा है—कबीर के इस वचन को कि 'जा सहजै साहब मिलै...।' वह कह रहा है : 'हम वहां पहुंच गये हैं।' यह कहना भी ठीक नहीं है कि—'हम वहां पहुंच गये।' सच तो यही कहना ठीक है कि 'हम सदा वहां थे; इसकी पहचान आ गई।'

धर्म एक रिकग्निशन, एक प्रत्यभिज्ञा है। इस बात का स्मरण है कि मैं वही हूं। —अहं ब्रह्मास्मि—मैं वहीं हूं। फिर क्या करने को बाकी है ! जब तक करने को बाकी है, तब तक तुमको लग रहा है कि साहब दूर है—तुमसे अलग।

कभी तुमने सोचा कि अगर परमात्मा तुमसे अलग है—अगर सच में ही अलग है—तो तुम उससे एक कैसे हो पाओगे? फिर तुम एक भी न हो पाओगे। ज्यादा से ज्यादा पास पहुंच सकते हो, लेकिन एक न हो पाओगे। लेकिन कहीं पानी के पास जाकर प्यास बुझती है? प्यास तो तभी बुझती है, जब पानी और तुम घुल-मिल जाओ, एक हो जाओ। तुम सरोवर के कितने ही पास पहुंच जाओ, इससे क्या प्यास बुझेगी?

तुम परमात्मा से हजार मील दूर हो कि हजार इंच, कि एक इंच, कि परमात्मा से तुम्हारी देह टकरा रही है लेकिन इससे क्या होगा? प्यास बुझेगी? जब तक तुम परमात्मा न हो जाओ, तब तक प्यास बुझ नहीं सकती।

इंच भर का फासला भी करोड़ मील का फासला है। सच तो यह है कि जब इंच भर का फासला रह जाता है, तब बहुत अखरता है। हजार मील के फासले पर कम से कम एक आश्वासन तो रहता है कि अभी दूरी बहुत है; यात्रा कर लेंगे, पहुंच जायेंगे। और जब इंच भर का फासला रह जाता है, चलने को जगह भी नहीं रह जाती, जाने का उपाय भी नहीं रह जाता, तब असमर्थता पूरी प्रकट होती है।

भक्त की पीड़ा उस समय आती है, जब भगवान और उसके बीच इंच भर का फासला रह जाता है; तब उसे पता चलता है कि भक्ति इससे आगे नहीं ले जा सकती

है। काफी ले आई है; पर इससे आगे नहीं ले जा सकती। इससे आगे तो एक ही कदम है कि भक्त भगवान हो जाये। 'जा साहब मिलै...!' लेकिन अगर तुम पहले से ही फासला मानकर चल रहे हो, तो तुम एक कैसे हो सकोगे?

कबीर कहते हैं कि 'तुम अलग हो ही नहीं।' इस बिंदु से ही यात्रा करना। तुम परमात्मा के पास नहीं जा रहे हो, वह सदा से तुम्हारे भीतर है; सिर्फ उसकी पहचान बढ़ रही है। कौन तुम्हारे भीतर छिपा है—इसकी पहचान बढ़ रही है।

परमात्मा के निकट जाने की और कोई यात्रा नहीं है, सिर्फ पहचान की यात्रा है। धीरे-धीरे तुम उघाड़ते जा रहे हो—अपने को। और जहां-जहां उघड़ते हो, वहां-वहां परमात्मा को पाते हो। जिस दिन तुम पूरे उघड़ जाओगे, उस दिन तुम हंसोगे कि 'मैं उसे ही खोज रहा था, जो सदा ही मेरे भीतर छिपा था।'

और जो तुम्हारे भीतर छिपा था, उसे तुम खोजकर पाते भी कैसे? तुम जितना खोजते थे, उतनी ही मुसीबत में पड़ते थे। क्योंकि खोज तुम्हें बाहर ले जाती थी।

सब योग बाहर ले जायेगा, सब क्रिया बाहर जाने का द्वार है। सहज- योग का अर्थ है : अक्रिया। सहज योग का द्वार है : कुछ करना नहीं, सिर्फ चुप होकर देखना। कठिन है यह। इसे तुम सरल मत समझ लेना।

लोग सहज-योग की बात करते हैं; वे सोचते हैं : बड़ी सरल बात है। सहज शब्द से ऐसा लगता है कि सरल होगा। 'सहज' का अर्थ 'सरल' नहीं है। इससे ज्यादा कठिन कोई चीज नहीं है।

'करना' हमेशा आसान है—कितना ही कठिन हो। उसका अभ्यास किया जा सकता है। सीखा जा सकता है। समय लगाया जा सकता है। लेकिन सहज है : न-करना; उसका कोई अभ्या स नहीं; सीखने का कोई उपाय नहीं। तुम्हें तो धीरे-धीरे-धीरे 'बैठना' ही पड़ेगा।

तो करोगे क्या? कैसे यह सहज सधेगा? तुम जो जानते हो, वह भूलना पड़ेगा। तुम जो सीख गये हो, उसे छोड़ना पड़ेगा। तुमने जो-जो अभ्यास कर लिया है, उससे मुक्त होना पड़ेगा। तुम्हारा सब योग जब खो जायेगा, सब साधना विलीन हो जायेगी, तब तुम अचानक चौंककर जागोगे, जैसे अंधेरे में अचानक किसी ने दीया जला दिया हो। उस दिन तुम खिलखिला कर हंसोगे कि 'मैं भी खूब पागल था ! मैं जिसे खोज रहा था, वही मैं हूं। खोज-खोजकर खो रहा था।'

'जा सहजै साहब मिलै, सहज कहावै सोइ।' 'सहजै सहजै सब गया, सुत वित

काम निकाम। '

और कबीर कह रहे हैं कि किनारे बैठे-बैठे, कुछ न करते, धीरे-धीरे सब गया।

छोड़ने से नहीं जाता। छोड़नेवाले को तो पकड़े ही रखता है। और जिस चीज को तुम छोड़ते हो, वह तुम्हें और जोर से पकड़ती मालूम पड़ती है। छोड़ने में ही कहीं भूल है।

छोड़ने का मनोविज्ञान क्या है? छोड़ने का मतलब है : तुम जानते हो कि तुम जकड़े हो। तुम जानते हो कि तुम पत्नी के मोह में हो। तुम कहते हो : 'कैसे छोड़ दें। ' और नासमसझ तुम्हें मिल जायेंगे—तरकीबें बतानेवाले, कि ऐसे छोड़ दो।

पत्नी थोड़े तुम्हें पकड़े हुए है! उसने पकड़ा होता, तो छोड़ने की तरकीबें काम आ जातीं। तुमने ही पकड़ा है। अब तुम तरकीबें पूछ रहे हो! 'तुम भाग जाओ जंगल'—कोई समझायेगा —'जंगल चले जाओ।' कोई कहेगा : 'मंदिर में बैठ जाओ। ' कोई कहेगा : 'आश्रम में बस जाओ। न देखोगे पत्नी को, न मोह उठेगा। आंखें बंद कर लो। '

लेकिन कभी तुमने किसी चीज पर आंखें बंद करके देखी हैं? जिस चीज पर आंख बंद करो, वह और भी साफ होकर दिखायी पड़ने लगती है। इतनी सुंदर तो पत्नी कभी न थी, जितनी दूर जाकर मालूम पड़ेगी। इतना शरीर तो स्वर्ण जैसा कभी भी न था, जितना आंख बंद करके दिखाई पड़ेगा। पत्नी सपना हो जायेगी।

भागोगे कहां? क्योंकि मन के लिये न तो कोई दूरी है, और न कोई बाधा। तुम हिमालय पर बैठे रहो। मन के लिये कोई दूरी नहीं है—घर से। कुछ मन को कोई ट्रेन थोड़े ही पकड़नी पड़ेगी—कि तीन दिन लगेंगे, तब वह पत्नी के पास पहुंचेगा ! उसे क्षण भी नहीं लगता। उसकी यात्रा बिलकुल स्वतंत्र है। उस पर कोई बाधा नहीं है। तुम धन को छोड़कर भाग जाओगे, लेकिन जो मन—धन को पकड़े था, उस मन को तुम कैसे छोड़ोगे?

छोड़ने का मनोविज्ञान—भयभीत आदमी का मनोविज्ञान है। वह डरा हुआ है। और तुम डरते उसी से हो, जिसे तुम अपने से ज्यादा ताकतवर मानते हो; नहीं तो तुम डरोगे ही क्यों? इसलिए सिर्फ डरपोक भागते हैं। भगोड़ा भयभीत है।

कबीर कहते हैं : 'सहजै सहजै सब गया। ' कबीर ने न तो पत्नी छोड़ी, न बेटा छोड़ा, न धंधा छोड़ा। कबीर घर में रहे। कबीर परम गृहस्थ हैं और उनसे बड़ा संन्यासी खोजना कठिन है। पत्नी है, बेटा है, घर-द्वार है। कपड़ा बुनते हैं, बेचते हैं।

जुलाहे का काम है। सब काम वैसे ही चलता है। उसमें कोई फर्क नहीं हुआ।

लेकिन वे कहते हैं : 'सहजै सहजै सब गया, सुत वित काम निकाम।' कुछ किया नहीं, ऐसे ही देखते रहे। धीरे-धीरे पाया कि देखते-देखते उलझनें खुलने लगीं। देखते-देखते—क्योंकि जितनी दृष्टि साफ होती है, उतना ही मोह विलीन हो जाता है।

मोह अंधापन है। आंख साफ होती है, मोह खो जाता है। मोह सपना है। साक्षी भाव जगता है; सपना टूट जाता है। सुबह तुम जागते हो; जागते ही सपना टूट जाता है। सपने को तोड़ना तो नहीं पड़ता ! जैसे-जैसे सहजता 'बैठती' है, वैसे-वैसे जहां-जहां राग था, मोह था, क्रोध था, लोभ था—वे सब गिरने लगे।

'सहजै सहजै सब गया, सुत वित काम निकाम।' काम तो गया ही—वासना तो गई ही—निष्काम तक चला गया। राग तो गया ही—वैराग्य भी चला गया। यह थोड़ा समझने का सूत्र है।

जो आदमी छोड़कर भागेगा—राग तो छोड़ेगा, वैराग्य पकड़ जायेगा। यह कुछ फर्क न हुआ बड़ा। गृहस्थी छूटी, संन्यास पकड़ गया ! पहले गृहस्थी को पकड़े हुए थे, वह मोह था । अब संन्यास को पकड़े हुए हो, वह मोह है। पकड़ कायम है।

पहले एक बड़े मकान में रहते थे, उसकी पकड़ थी; तब अगर कोई कहता कि वृक्ष के नीचे रुक जाओ, तो अपमान अनुभव होता। अब वृक्ष के नीचे रुकते हैं, और अगर कोई कहे कि मकान में आ जाओ, तो असंभव मालूम पड़ता है कि हम तो विरागी है; हम कैसे मकान में आ सकते हैं !

यह तो राग की पकड़ थी, अब विराग की पकड़ हो गयी। पहले काम पकड़े थे, अब निष्काम ने पकड़ लिया। लेकिन पकड़ जारी है। मुट्ठी खुली नहीं, मुट्ठी बंद है।

और ध्यान रहे : उलटे की पकड़ तुम्हें दिखाई नहीं पड़ती, क्योंकि सूक्ष्म है। एक आदमी धन पकड़ता है; और एक आदमी त्याग पकड़ता है। पहले वह धन इकट्ठा करता था और रात-दिन सोचता था : 'यह ढेर कैसे बड़ा हो जाये।' अब वह धन इकट्ठा नहीं करता, दान करता है। अब दान का ढेर लगा रहा है ! यह दिखाइ नहीं पड़ता। धन का ढेर दिखाई पड़ता था; वह प्रत्यक्ष था, वह संसार का था। अब वह दान का ढेर लगा रहा है !

एक सज्जन मुझे मिलने आये; दानी हैं। उनकी पत्नी ने कहा : 'मेरे पति को बस,

एक ही रस है—। अब तक कोई एक लाख रुपया दान कर चुके हैं। पति ने पत्नी को हिलाया और कहा : 'एक लाख नहीं; एक लाख दस हजार।' यह दान का ढेर लग रहा है। वह गिनती उसकी भी जारी है ! यह आदमी पहले धन के ढेर को लगा रहा था; अब यह दान के ढेर को लगा रहा है। फर्क क्या है दोनों में? धन से हटा, धन से विराग पकड़ गया !

कबीर कहते हैं : 'सहजै सहजै सब गया, सुत वित काम निकाम।'—राग भी गया, विराग भी गया। अब न तो मैं गृहस्थ हूं और न संन्यासी हूं।' यही संन्यास का लक्षण है। पहले तुम गृहस्थ थे, फिर संन्यस्त हुए—गृहस्थ के विपरीत—तो जहां विपरीतता है, वहां द्वंद्व है। जहां द्वंद्व है, वहां द्वैत है। जहां द्वैत है, वहां परमात्मा का प्रवेश नहीं। उसका प्रवेश तो सिर्फ अद्वैत—अद्वंद्व की स्थिति में होता है।

तुम्हारा संन्यास अगर गृहस्थ के विपरीत है, तो सच्चा संन्यास नहीं है। इसमें एक छूटा, दूसरा पकड़ा। तुम्हारा संन्यास अगर द्वंद्व का विसर्जन है, तो परम संन्यास है।

काशी में जहां कबीर रहते थे। बड़ी खतरनाक जगह वे रहते थे। वहां संन्यासी ही संन्यासी हैं। और वे संन्यासी कहते थे : 'यह कबीर ! यह भी कोई संन्यासी है। यह ज्ञानी है ! यह जुलाहा? पत्नी, बच्चा—सब कुछ; घर द्वार—सब कुछ है। यह कैसा ज्ञानी है? यह कैसा ज्ञान है ! हम सब छोड़ दिये हैं।

अस्मिता—त्याग की भी निर्मित होती है; अहंकार उससे भी बन जाता है। और अहंकार गार्हस्थ्य है और निरहंकार-भाव संन्यास है।

कबीर के संन्यास को देखना मुश्किल है। बुद्ध का संन्यास देखना बिलकुल आसान है। अंधा भी देख लेगा; उसमें कुछ बड़ी प्रज्ञा की जरूरत नहीं है। कबीर का संन्यास बड़ा सूक्ष्म है। उसको देखना मुश्किल है। उसको सिर्फ 'आंखवाला' ही देख पायेगा।

महावीर के संन्यास को देखने में क्या अड़चन है? अंधों ने देख लिया। जिसने महावीर का संन्यास इसलिए समझा कि महावीर नग्न खड़े हो गये—सब राज-पाट छोड़ दिया—उसने संन्या स समझा ही नहीं। वह कबीर को देखकर कहेगा : 'यह कोई संन्यासी है? इसके सामने हम नहीं झुक सकते।'

मैं नहीं देखता कि एक भी जैन कबीर के पास झुकने गया हो। असंभव। क्योंकि 'कबीर तो', वह कहेगा, 'हमारे जैसा गृहस्थ है। जैसे हम, वैसा वह। हममें और इसमें फर्क क्या है?' फर्क सूक्ष्म है।

महावीर और तुममें फर्क साफ है, फर्क स्थूल है—कि तुम कपड़े पहने हो, और महावीर नग्न हैं ! कबीर भी कपड़ा पहने हुए हैं; अब फर्क क्या है? तुम्हारी पत्नी है; कबीर की भी पत्नी है; अब फर्क क्या है? तुम धंधा करते हो, कबीर भी धंधा करते हैं; फर्क क्या है? फर्क है। क्योंकि कबीर में 'काम' भी गया, निष्काम भी गया; राग भी गया, विराग भी गया। कबीर वहां हैं—जैसे एक नाटक—जैसे एक अभिनय के हिस्से हैं।

'सहजै सहजै सब गया, सुत वित काम निकाम।'—'कुछ किया नहीं। यह बिना किये ही हुआ।' तुम्हारे भीतर कोई एक ऐसा सूत्र है, जो बिना किये भी बहुत कुछ करता है। वह क्या सूत्र है? उस सूत्र को उपनिषद साक्षित्व कहते हैं। उसी सूत्र को कबीर सुरति कहते हैं। उसी को बुद्ध ने स्मृति कहा है—राइट माइंडफुलनेस कहा है। उसी को महावीर ने विवेक कहा है।

एक सूत्र है तुम्हारे भीतर—देखने का। इसे थोड़ा समझो। क्योंकि इस पर सब कुछ निर्भर करेगा। यह सूत्र समझ में आया, तो सहज-योग समझ में आ जायेगा।

एक चीज तुम्हारे भीतर सतत हो रही है, जो करनी नहीं पड़ती, जो तुम्हारे करने पर निर्भर नहीं है। वह है—तुम्हारा साक्षित्व—वह तुम दिन भर हो।

भोजन करना पड़ता है। न करोगे, भूखे मर जाओगे। मनोवैज्ञानिक कहते हैं : श्वास भी लेनी पड़ती है। क्योंकि अगर तुम्हारे जीवन की सारी आशा छूट जाये, तो तुम श्वास भी न लोगे। एक श्वास बाहर जायेगी, तुम भीतर दूसरी क्यों लोगे ! क्या प्रयोजन ! क्या अर्थ ! इसलिए जो आदमी निराश होता है, उसके जीवन की रेखा कम हो जाती है, उम्र कम हो जाती है। दूसरी श्वास को लेने में क्या सार ! धीरे-धीरे तुम्हारी श्वास पर पकड़ खो जायेगी। तुम श्वास भी न लोगे। श्वास भी एक सूक्ष्म क्रिया है, जो तुम कर रहे हो।

भोजन न करो, मर जाओगे। श्वास न लो, जीवन चला जायेगा। लेकिन एक चीज तुम्हारे बिना किये हो रही है, जिसको तुम करो या न करो, जो होती रहती है; वह तुम्हारा स्वभाव है; वह क्रिया नहीं है, वह कृत्य नहीं है।

ध्यान रहे, जो भी 'कृत्य' है, उससे तो विश्राम लेना पड़ेगा। अगर तुमने दो घंटे मेहनत की, तो फिर घंटे भर विश्राम करना पड़ेगा। दिन भर जागे, तो रात सोना पड़ेगा। तो जागना एक क्रिया है, थकाती है। क्रिया का लक्षण है कि वह थकाती है। और जब तुम थक जाते हो, तो विपरीत क्रिया करनी पड़ती है, ताकि थकान मिट

जाये। जागते हो, सोना पड़ेगा। भूखे हो, भोजन करना पड़ेगा। गंदे हो, स्नान करना पड़ेगा। विपरीत से तुम्हें निश्चित ही अपने को फिर से भरना पड़ेगा।

तो क्रिया द्वंद्व के बाहर नहीं ले जा सकती, क्योंकि क्रिया के साथ तुम चौबीस घंटे नहीं रह सकते। क्रिया को छुट्टी देनी पड़ेगी। इसलिए जाननेवाले कहते हैं कि अगर तुम्हारा संतत्व क्रिया से आया है, तो तुम्हारे संतत्व में भी छुट्टी के क्षण होंगे। अगर कोई आदमी साधु क्रिया से है, तो उसको असाधु भी होना पड़ेगा—लुक-छिपकर; क्योंकि छुट्टी देनी पड़ेगी।

जो चीज क्रिया से की जाती है, उसमें तुम थकोगे; उसको कितनी देर खींचोगे? उसमें तुम्हारा कोई कसूर नहीं है। अगर तुमने ब्रह्मचर्य को क्रिया बना लिया है, अगर वह सहज-योग नहीं है, तो कितनी देर ब्रह्मचारी रहोगे ! छः दिन; फिर सातवें दिन?

और जब संत छुट्टी पर जाता है, तो बड़ा खतरनाक होता है। क्योंकि असंत तो आदी होता है—वहां रहने का, परिचित होता है। और रोज चुकता रहता है। संत इकट्ठा कर लेता है—ऊर्जा को। इसलिए जब वह क्रिया में उतरता है, तो उसकी क्रिया बहुत खतरनाक होती है, विक्षिप्त होती है।

क्रिया से जो भी साधा है, उसे तुम चौबीस घंटे—और सदा-सदा न साध सकोगे। उसे छोड़ना पड़ेगा; विश्राम जरूरी हो जायेगा। वह इतना बोझिल हो जायेगा कि तुम क्या करोगे ! फिर तुम्हारे भीतर क्या कोई एकाध सूत्र है; अगर है, तो ही सहज-योग हो सकता है। वह सूत्र साक्षी है।

तुम दिन में जगे। सुबह किसी ने गाली दी, तो क्रोध उठा; तुमने इस क्रोध को देखा। फिर उसने माफी मांग ली; तो क्षमा उठी; तुमने इस क्षमा को देखा। फिर धूप बढ़ी, गर्मी लगी, पसीना बहा। तुमने गर्मी देखी, तुम छाया में हट आये। शांति हुई, शीतलता आई; तुमने शीतलता देखी।

दिन भर जागे—फिर थक गये। फिर रात सोये, तो रात तुमने सपने देखे। सुबह उठकर तुमने कहा कि रात सपने ही सपने में बीती। कोई देखनेवाला मौजूद रहा। सुबह तुमने उठकर कहा कि 'रात बड़ी सुखद नींद आयी।' निश्चित ही तुम्हारे भीतर कोई सोया नहीं। नहीं तो पता कैसे चलता? किसको पता चलता? सुबह उठकर जो कह रहा है कि रात बड़ी सुखद नींद आयी; तुम्हारे जीवन के किसी कोने में कोई जागता रहा और रात भर देखता रहा। और यह जो देखनेवाला तुम्हारे भीतर हर घड़ी काम कर रहा है, यह तुम्हारी कोई क्रिया नहीं है। इससे तुम कभी भी थकते नहीं हो; नींद

में भी जब सब थक जाता है, तब भी यह जागा रहता है। दुख में, सुख में, होश में, बेहोशी तक में भी... । जब तुम बेहोशी के बाद उठते हो, तब तुम कहते हो, 'बड़ी देर तक बेहोशी चली। क्या हो गया था ! बिलकुल बेहोश हो गया था। ' बेहोशी को भी भीतर से कोई न कोई... ।

अगर कभी तुमने अनेस्थीसिया लिया है—आपरेशन के वक्त, तो डाक्टर तुम्हें अनेस्थीसिया देते वक्त कहता है कि अब तुम गिनती करो; एक, दो, तीन, चार, पांच, छः, सात कहते जाओ; क्योंकि डाक्टर देखता है कि जैसे ही अनेस्थीसिया का प्रभाव शुरू होता है—तुमने कहा : एक, दो, तीन—तुम्हारी आवाज धीमी, मंदी और लथड़ाई हुई होने लगती है। 'चा...र' तुम ऐसे कहते हो, जैसे कि बहुत समय लगा। 'पां...च'—और भीतर तुम भी सुनते हो कि आवाज लथड़ा रही है।

भीतर तुम भी सुनते हो कि अब तुम कह रहे हो, लेकिन बड़ा समय लग रहा है। 'पांच ... छः... सात...' अब तुम सोचते हो कि आठ कहें, लेकिन आठ नहीं आ रहा है—भीतर। लेकिन कोई जागा हुआ देख रहा है कि गिनती में फर्क पड़ गया है। फिर तुम देखते हो कि सब खो गया; वह भी तुम देखते हो कि सब खो गया।

फिर तुम होश में आते हो, तब फिर यह प्रक्रिया दोहरती है। धीरे-धीरे तुम्हें दिखाई-सुनाई पड़ता है कि टांके लगाये जा रहे हैं। आवाज सुनाई पड़ती है; टांके लगने का धीमा-सा बोध होता है। कैंची उठाई जा रही है; सामान रखा जा रहा है। नर्स, डाक्टर आसपास घूम रहे हैं। उस सबका तुम्हें धीरे-धीरे बोध होना शुरू होता है। फिर तुम आंख खोलते हो।

होश से बेहोशी तक जाने में—फिर बेहोशी में—और बेहोशी से होश तक आने में कोई एक तत्व सदा ही बना रहता है; वही तुम्हारा साक्षी-भाव है; वही तुम्हारी आत्मा है; वही तुम्हारी चेतना है।

तो कबीर कहते हैं : 'सहजै सहजै सब गया, सुत वित काम निकाम। ' बस, देखते रहे, कुछ किया नहीं। और देखते-देखते ही सब चला गया। न बेटा अपना रहा, न पत्नी अपनी रही; न राग अपना रहा, न विराग अपना रहा—सब गया।

'एकमेक ह्वै मिली रह्या, दास कबीरा नाम। ' बस, एक बचा—सब गया और एक बचा। सब द्वंद्व, अनेकता, द्वैत खो गया; एक बचा।

'जो कछु आवै सहज में, सोइ मीठा जान। ' कबीर कहते हैं : जो सहज आ जाये, उसी को जानना—मधुर। 'कड़ुवा लागै नीम-सा, जामें ऐंचातान। ' और जो

खींचतान के आये, वह नीम जैसा कड़ुवा लगेगा।

अगर तुमने किसी तरह उलटे-सीधे खड़े होकर, नाक-आंख बंद करके परमात्मा को पा भी लिया, तो वह जहर होगा, अमृत नहीं। तुम्हारे करने से जो मिलेगा, वह जहर होगा। तुम्हा रे करने से जो मिलेगा, वह मृत्यु जैसा होगा; क्योंकि जीवन बिना तुम्हारे किये मिला है।

तुमने क्या किया है—जीवन को पाने के लिये? तुमने कैसे जीवन अर्जित किया? तुम हो—यह कैसे घटा? तुम्हारे कौन से कृत्य तुम्हें जीवन तक ले आये? तुम्हारे 'होने' के लिए तुमने क्या कमाई की है? जीवन घटा है; तुम्हारा कोई कृत्य नहीं है। हां, मृत्यु के लिये तुम जो कुछ भी 'करोगे', उससे मृत्यु आयेगी।

'जो कुछ आवै सहज में, सोइ मीठा जान।' और कबीर कहते हैं : धर्म मिठास देगा—अगर सहज आये। नहीं तो धर्म भी कड़ुवी नीम जैसा होगा—अगर साध-साधकर आये।

तुम जाओ, देखो आश्रमों में, तीर्थ-स्थलों में—उन लोगों को, जिन्होंने कठिन श्रम करके कुछ पाया है। तुम उनके आसपास नीम से भी ज्यादा कड़ुवाहट पाओगे। उनकी मौजूदगी मधुर न होगी। उनका स्वाद तिक्त होगा, जहरीला होगा। इसमें उनका कसूर नहीं है। उन्होंने खींचातान की है। और जितनी खींचातान करते हो, जीवन उतना मृत हो जाता है। जितनी तोड़-मरोड़ करते हो, उतना ही जीवन का जो स्वाद है, वह खो जाता है।

तुम अपने अनुभव में समझने की कहीं कोशिश करो। तुम्हारा किसी से प्रेम हो जाये—स्त्री से, पुरुष से, मित्र से—किसी से भी, तो क्या तुमने कभी खयाल किया है कि प्रेम सहज घटता है ! घट जाता है, तब उसकी मिठास है। और फिर घटता नहीं, मांग होती है—ऐंचातान होती है। तुम कहते हो : 'तू मेरी पत्नी है, मुझे प्रेम दे।' 'तुम मेरे पति हो, मुझे प्रेम दो। यह तुम्हारा कर्तव्य है।' और एक कलह शुरू होती है। ऐंचातान शुरू होती है कि प्रेम दिया जाना चाहिए। फिर चुंबन भी नीम जैसा कड़ुवा हो जाता है, फिर आ लिंगन भी जहरीला हो जाता है; क्योंकि कर्ता आ जाता है। और जहां कर्ता आया, वहां जहर आया। तब करते हो तुम। जैसे ही तुम करते हो, वैसे ही सब स्वाद खो जाता है।

प्रेम का तुम्हें अनुभव होगा, इसलिए उसका उदाहरण लेता हूं। प्रा र्थना का तुम्हें कोई अनुभव नहीं। मगर तुम प्रेम को समझ जाओ, तो वही प्रार्थना का सूत्र है।

तुम्हारी प्रार्थना भी कड़ुवी हो गई है; क्योंकि वह भी तुम भय के कारण करते हो। वह भी सहज नहीं है। डरते हो, नरक...।

मुल्ला नसरुद्दीन का एक मित्र मर रहा था। मित्र धार्मिक था। गांव का जो मौलवी था, बाहर गया था। तो मुल्ला ही एक, गांव में पंडित जैसा आदमी था, वही बचा था; उसको बुला या—आखिरी प्रार्थना के लिए।

तो नसरुद्दीन ने उस आदमी को गौर से देखा और कहा : 'घड़ी तो आ खिरी आ गई, इसलिए कोई भी मौका खोना ठीक नहीं।' उसने जोर से कहा : 'हे अल्लाह ! हे शैतान !' उस आदमी ने कहा : 'क्या मतलब?' उसने कहा : 'दोनों पार्टियों से निवेदन कर लेना ठीक है। क्या पता, तुम कहां जाओ ! और यह भी पक्का नहीं है कि दोनों में कौन-सा...! इसलिए यह कोई ... यह अवसर ऐसा नहीं है कि दांव पर लगाओ। आखिरी वक्त है ; हम दोनों से प्रार्थना किये देते हैं। जहां भी जाओगे, वहीं तुम्हारे सुख का इंतजाम रहेगा।'

तुम्हारी प्रार्थनाएं भी ऐसे ही गणित पर खड़ी हैं। तुम्हारे मन में कोई प्रेम नहीं जन्मा है। परमात्मा की तरफ तुम्हारा प्रेम ऐसा नहीं जन्मा है, जैसा कभी तुम एक स्त्री के प्रेम में गिर गये थे...। ऐसी कोई घटना नहीं घटी है। यह प्रेम कोई पुकार नहीं है।

डरे हुए हो। नरक का भय है। क्योंकि सदियों से समझाया जा रहा है कि सड़ोगे नरक में। स्वर्ग का प्रलोभन भी है मन में। कि अगर उसकी प्रार्थना कर ली; पता नहीं हो, शायद हो। तुम्हारी प्रार्थना भी 'शायद' है ! तो अपने को भी कोई थोड़ी ठीक जगह मिल जायेगी।'

'इस संसार ने वैसे ही काफी कष्ट झेल लिया है। अब और आगे झेलने की हिम्मत भी नहीं है।' इसलिए मार्क्स कहता है कि धर्म गरीब के लिए अफीम का नशा है, क्योंकि इस संसार में उसके पास कुछ नहीं है। तो इसी अफीम को पी रहा है कि अगले संसार में सब कुछ होगा। अपने मन को राजी कर रहा है कि 'जो यहां महलों में रह रहे हैं—वे नरक में सड़ेंगे। और मैं तो झोपड़े में रह रहा हूं, इसलिए स्वर्ग में महल मुझे मिलनेवाला है। मैं दीन, गरीब हूं; परमात्मा मुझ पर करुणा करेगा। ये दुष्ट—ये नरक में सड़ाये जा येंगे।'

तो वह प्रार्थना चाहे गरीब की हो या अमीर की हो—या तो लोभ पर खड़ी है। या भय पर खड़ी है।

प्रेम नहीं घटा है; फिर बड़ी ऐंचातान होती है। अगर तुम भयभीत हो, तो भी तुम

चेष्टा करते हो कि किसी न किसी तरह परमात्मा को पा लें। अगर तुम लोभ से भरे हो, तो भी चेष्टा करते हो।

भयभीत और लोभ से भरा हुआ आदमी निश्चेष्ट नहीं हो सकता। निश्चेष्ट तो वही हो सकता है, जो प्रेम से भरा है।

जब तुम किसी व्यक्ति को सच में ही प्रेम करते हो—कभी-कभी ऐसी घटना घटती है—एक क्षण को भी घट जाये, तो भी जीवन का अर्थ तो समझ में आ जाता है। फिर खो भी सकता है। क्योंकि कोई ऐसी बात भी नहीं है। कभी तुम एक ऊंचाई पर होते हो चेतना की, तब प्रेम घटता है। उस ऊंचाई पर सदा नहीं रह पाते; प्रेम खो जाता है।

लेकिन अगर एक बार भी घटा है, तो जब तुम प्रेम में होते हो, तब तुम क्या करते हो? तब सब चेष्टा खो जाती है। दो प्रेमी एक दूसरे का हाथ हाथ में लिए नदी के किनारे ही बैठे रहते हैं; कुछ भी नहीं करते। तुम्हें लगेगा कि इनका दिमाग खराब है।

तुम दो पति पत्नी को पास बैठे देखो। वे कुछ न कुछ करते हुए नजर आयेंगे। नहीं तो बातचीत ही करेंगे, क्योंकि एक दूसरे को बरदाश्त करना मुश्किल है। बातचीत में समय व्यतीत हो जा ता है। इधर-उधर की चर्चा करेंगे।

पति पत्नी में—जब आपस में प्रेम खो जाता है, तो वे हमेशा पसंद करते हैं कि कोई मेहमान घर आ जाये, कोई मिलने-जुलनेवाला आ जाये, कोई तीसरा मौजूद हो। उस तीसरे की वजह से दोनों में रस आ जाता है। खुद दोनों में कोई भी रस नहीं रह जाता है।

परमात्मा के साथ भी तुम अकेले नहीं होते; पुजारी को बीच में बुला लेते हो; पुरोहित को खड़ा कर लेते हो। वह 'तीसरा' है। प्रेम तो कुछ है नहीं ! इस तीसरे के माध्यम से चर्चा होती है। और यह व्यवसायी है; इसका कुछ ईश्वर से लेना-देना नहीं है।

जब दो व्यक्ति प्रेम में होते हैं, तो चुपचाप बैठे रहते हैं। सिर्फ बैठना ही इतना सुखद होता है कि कुछ करके उस सुख को नष्ट करना नहीं चाहते हैं। सिर्फ पास होना ही इतना बहुमूल्य होता है कि कुछ करने से—हिलने से, वह बहुमूल्य क्षण कहीं छिटक न जाये हाथ से...। वह पारे की तरह है। छिटक गया, गिर गया, बिखर गया—तो बात करते नहीं, चुपचाप बैठे रहते हैं।

प्रेमी बोलते तक नहीं। वे यह भी नहीं कहते कि 'मुझे तुझसे बहुत प्रेम है।'

क्योंकि यह भी बकवास है; क्योंकि जब प्रेम है, तो यह बकवास है। यह तो तभी शुरू होती है—बातचीत—जब प्रेम खो जाता है। तब एक दूसरे को भरोसा दिलाना पड़ता है कि बहुत प्रेम है। भरोसा हम दिलाते ही तब हैं, जब बात समाप्त हो जाती है।

जब परमात्मा का प्रेम घटित होता है—सहजता से—किसी भय से नहीं, किसी लोभ से नहीं, किसी चेष्टा से नहीं, तो कोई आदमी जीवन को देखते-देखते-देखते दृष्टि को उपलब्ध हो जाता है। दृष्टि उसकी दर्शन बन जाती है।

'सहजै सहजै सब गया, सुत वित काम निकाम।
एकमेक ह्वै मिली रह्या, दास कबीरा नाम।
जो कछु आवै सहज में, सोइ मीठा जान।
कडुवा लागे नीम-सा, जामें ऐंचातान।'

प्रेम को भी तुम जहर कर लेते हो, जैसे ही तुम ऐंचातान शुरू करते हो।

जैसे ही मांग करते हो कि 'होना चाहिए प्रेम। तू मेरा बेटा है। बेटे का कर्तव्य है : प्रेम करो।' लेकिन कोई दुनिया में कर्तव्य से प्रेम कर सका है कभी ! और कोई चेष्टा करेगा प्रेम करने की तो प्रेम झूठा ही हो जायेगा।

घृणा भी बेहतर, अगर सच्ची हो। प्रेम भी बदतर, अगर झूठा हो। सच्चे में कम से कम सचाई तो है। दुश्मन बेहतर, अगर सच्चा हो; मित्र बेहतर नहीं, अगर झूठा हो। क्योंकि सचाई से कोई कभी नहीं भटका; झूठ से ही लोग भटकते हैं।

अगस्तीन की प्रार्थनाओं में एक वचन है कि 'हे परमात्मा, शत्रुओं की फिक्र तो मैं कर लूंगा; मेरे मित्रों की फिक्र तू करना। शत्रुओं से मैं निपट लूंगा, मित्रों से मैं न निपट पाऊंगा। उनका तू ध्यान रखना।' प्रार्थना ठीक है। क्योंकि मित्रता भी हमारी—एक चेष्टा है।

हमारे सभी संबंध चेष्टा से हैं। जहां चेष्टा है, वहां बुद्धि होती है। हृदय के सभी संबंध निश्चेष्ट होते हैं। इसलिए प्रेम अनहोनी घटना है। वह घटती है, तो घटती है; नहीं घटती है, तो नहीं घटती है। और घटती है, तो 'क्यों' का कोई उत्तर नहीं है।

और तुम जो भी बातें खोजते हो, वह सब बकवास है। तुम कहते हो : 'यह स्त्री बहुत सुंदर थी, इसीलिए प्रेम हो गया।' लेकिन यह स्त्री सुंदर थी—तुमसे प्रेम नहीं हुआ था, तब भी बहुतों को मिली—और किसी को प्रेम नहीं हुआ। तुम कहते हो : 'इस जैसी बुद्धिमती स्त्री नहीं है।' लेकिन तुम पहले नहीं हो, जो इसकी बुद्धि को

परखे हो। और भी लोग थे। किसी को इसमें बुद्धि न दिखाई पड़ी। और कुछ दिन बाद तुम्हें भी दिखाई न पड़ेगी। पर आज दिखाई पड़ रही है।

तुम जो कारण बताते हो, वे कारण नहीं हैं। वे सिर्फ युक्तियां हैं, जिनसे तुम प्रेम की अनहोनी घटना को समझने की कोशिश कर रहे हो। अनहोने को तुम जल्दी से तर्कयुक्त कर लेना चाहते हो।

अनहोने के साथ बड़ी तकलीफ है, क्योंकि तुम्हें लगता है कि मेरे बाहर घट रहा है—मेरे नियंत्रण के बाहर है। तुम चाहते हो नियंत्रण; नियंत्रण के भीतर लाने के लिए तुम व्याख्या करते हो। तुम कहते हो : 'इसकी नाक ऐसी है, इसकी आंख ऐसी है, इसकी देह ऐसी है, इसलिए मैं प्रेम में पड़ गया।'

तुम प्रेम के लिए कारण खोज रहे हो, वहीं तुम भूल कर रहे हो। प्रेम अकारण है। और जैसा प्रेम अकारण है, वैसे ही प्रार्थना अकारण है।

'कारण' का संबंध तो बुद्धि का व्यवसाय है। तुम जब बाजार में कोई चीज खरीदते हो, तो कारण होता है। प्रेम को तुम खरीद नहीं सकते; यह तुम्हारे हाथ में नहीं है। यह घटता है। यह तुमसे पार है; तुमसे कुछ बड़ा है। घट जाता है, तभी तुम्हें पता चलता है। तब तुम्हारा रोआं-रोआं इससे भर जाता है। लेकिन तुम इसके मालिक नहीं हो।

और आदमी के अहंकार को इससे बड़ी चोट लगती है। जहां-जहां वह पाता है कि मैं मालिक नहीं हूं, वहां-वहां वह चेष्टा करता है कि मालिक मैं हूं। तो वह समझाता है। इसलिए अहंकारी व्यक्ति प्रेम नहीं कर पाते; क्योंकि अहंकारी को सदा यह डर लगा रहता है कि अपने से बड़ी घटना को कभी नहीं घटने देना है। जिसके सामने तुम छोटे हो जाओ—एक तूफान बहे और तुम एक पत्ते हो जाओ—हिलते हुए; ऐसा कोई काम नहीं करना।

तो अहंकारी व्यक्ति तूफानों में जाता ही नहीं है, जहां उसे पता चले कि मैं एक पत्ता हूं—कंपता हुआ, मेरी कोई सामर्थ्य नहीं; मैं असहाय हूं। अहंकारी व्यक्ति छिप कर रहता है। और छिपने का एक ही उपाय है—मरने के पहले मर जाना। अन्यथा जीवन सब तरफ तूफान की तरह है। वहां प्रेम भी घटता है; वहां ज्ञान भी घटता है; वहां प्रार्थना भी घटती है। वे सभी हमसे बड़े हैं। तुम्हारी चेष्टा से वे नहीं घटते। तुम्हारी चेष्टा से तो जो भी घटेगा, वह तुमसे छोटा होगा। इस गणित को सदा याद रखना।

कोई मूर्तिकार अपने से श्रेष्ठ मूर्ति नहीं बना सकता। कैसे बनायेगा? कोई चित्रकार अपने से बड़ा चित्र नहीं बना सकता। पिकासो लाख उपाय करे; कितना ही बड़े से बड़ा चित्र हो; पिका सो से बड़ा नहीं हो सकता। कैसे होगा? तुम जो भी बनाओगे, वह तुमसे बड़ा न होगा।

इसलिए 'तुम्हारी' प्रार्थना दो कौड़ी की है; उसका कोई मूल्य नहीं है। वह घटनी चाहिए। कंठस्थ करके तुम उसे न कर सकोगे। मंदिर 'तुम्हारा जाना'—व्यर्थ है।

एक दिन तुम अचानक पाओगे, कोई खींचे लिए जा रहा है। पैर मंदिर की तरफ बढ़ रहे हैं। तुम लाख बाजार की तरफ जाना चाहो, तो नहीं जा सकते। एक तूफान ने तुम्हें पकड़ लिया है। तुम एक अंधड़ पर सवार हो गये हो। अब तुम एक कंपते हुए पत्ते हो—असहाय। और विराट तुम्हारे चारों तरफ है। उस वर्तुल के बाहर तुम्हारे जाने का कोई उपाय नहीं है। तुम कुछ न कर सकोगे—सिवाय बहने के।

वह जो आदमी बैठता है—साक्षी होकर, उसे यह रहस्य पता चल जाता है कि—जीवन तेरे बिना बहा जा रहा है। तू व्यर्थ परेशान हो रहा है। तेरे कर्तृत्व की कोई भी जरूरत नहीं है। तेरे होने, न होने से भी कोई फर्क नहीं पड़ेगा। तू अकारण ही कर्ता बन रहा है—जब कि जीवन में सभी चीजें घट रही हैं। तू सिर्फ देखता रह।

कर्ता जो बन जाता है, वह गृहस्थ है। द्रष्टा जो बन जाता है, वह संन्यासी है।

द्रष्टा सहज भाव है, उसके लिए कुछ किया नहीं जा सकता। सिर्फ देखते रहो। देखने के लिए क्या करना है? देखने के लिए कुछ भी नहीं करना है। देखना तुम्हारा स्वभाव है।

'जो कछु आवै सहज में, सोइ मीठा जान। कडुवा लागे नीम-सा, जामें ऐंचातान।'

किसी चीज में ऐंचातान मत करना। अगर प्रेम खो जाये, तो ऐंचातान मत करना; स्वीकार कर लेना। हमारे हाथ के बाहर घटा था, हमारे हाथ के बाहर है—खो गया, खो गया।

फकीर जुन्नैद के घर बेटा पैदा हुआ। बड़ा प्यारा बेटा था। दूर-दूर के गांव तक खबर पहुंच गई। ऐसा सुंदर बच्चा कभी देखा नहीं गया था। कुछ बात ही अनूठी थी। और फिर बच्चा कुछ ही महीने का हुआ और मर गया। जब लोग जुन्नैद के पास आये थे—पहली दफा—बेटे की प्रशंसा लेकर, तो जुन्नैद ने ऊपर देखा था और कहा था : 'सब उसका है।' जबे बेटा मर गया, तब भी लोग आये—दुख प्रकट

करने। जुन्नैद ने ऊपर देखा और कहा : 'सब उसका है।' न जुन्नैद प्रसन्न दिखाई पड़ा—जब बेटा हुआ था। और न उदास दिखाई पड़ा—जब बेटा मर गया।

लोगों ने कहा : जुन्नैद, इतना प्यारा बेटा खोकर तुम दुखी नहीं हो रहे हो?' जुन्नैद ने कहा : 'हमारी सामर्थ्य के बाहर था—जिसका आना, उसका रुकना हमारी सामर्थ्य के भीतर नहीं। जितनी देर रुका, उसका धन्यवाद है। जिसने भेजा, उसने वापस ले लिया। हम बीच में कौन हैं? हम अकारण ही प्रसन्न और दुखी, उदास और सुखी हों, वह हमारे हाथ में है। लेकिन उसमें अर्थ नहीं है। वह सब व्यर्थ है।'

'जिसने दिया था, उसने वापस बुला लिया। देने में उसकी कृपा थी, तो बुलाने में भी उसकी कोई कृपा होगी। यह वही समझे; हम इस चिंता में क्यों पड़ें ! तुम जब आये थे, तब भी मैंने ऊपर देखा था। अब भी मैं ऊपर देख कर ही उत्तर दे रहा हूं। मैं बीच में खड़ा नहीं हूं।'

जब प्रेम खो जाये, तो स्वीकार कर लेना कि खो गया; तब खींचना मत। सारी पृथ्वी प्रेम की लाशों से भरी है। जहां कभी झलक मिली थी, वहां अब कुछ भी नहीं है। लेकिन तुम कभी स्वीकार नहीं करते कि वह खो गया है। तुम खींचे चले जा रहे हो। बड़ी ऐंचातान है। नहीं है—उसको भी माने चले जा रहे हो। और चेष्टा कर-करके जमाये जाते हो।

कभी तुम नाचते हुए घर आये थे; अब पैर का नाच खो गया है। लेकिन फिर भी तुम 'दौड़ते हुए' घर आते हो; उससे सिर्फ तुम थकते हो। नाच थकाता नहीं है, व्यक्तित्व को खिला ता है। और जब तुम जबरदस्ती चलते हुए आते हो, तो एक बोझ हो जाता है।

मुल्ला नसरुद्दीन को उसकी पत्नी ने अपने मायके भेजा था। कुछ जरूरी समाचार था, लेकर जल्दी ही लौटने को कहा था। दो महीने तक उसका कोई पता न चला; दो महीने बाद एक आदमी ने उसे गांव के बाहर देखा कि मुल्ला नसरुद्दीन अपने जूते उतारकर हाथ में ले रहा है। जूते उसने हा थ में लेकर भागना शुरू किया एकदम—गांव के भीतर। उस आदमी ने कहा : 'क्या मामला है नसरुद्दीन?' नसरुद्दीन ने कहा : 'वैसे ही काफी देर हो गई है। अब और देर न करवाओ। पत्नी वैसे ही नाराज हो रही होगी।'

गांव के बाहर से जूते हाथ में लेकर दौड़ शुरू हो जाती है। वह दौड़ झूठी है; वह सिर्फ दिखावा है। और जितना तुम दिखावा कर लोगे, उतना ही तुम बोझ से भर

जाओगे।

तुम्हारे सिर पर दिखावे का वजन बढ़ता जाता है। तुम जो इतने दबे-दबे दिखाई पड़ते हो—तुम्हारे दिखावे के कारण। तुम हल्के हो जाओ, अगर तुम दिखावे को उतारकर रख दो और तुम स्वीकार कर लो कि जीवन के सामने तुम असमर्थ हो। प्रेम घटा था, अब नहीं है। फिर घटेगा—ठीक। नहीं घटेगा—तुम्हारे हाथ में नहीं है। यह प्रेम कोई बिजली का स्विच नहीं है कि तुम दबाओ आ जाये; तुम दबाओ बुझ जाये।

यह प्रेम तुमसे बड़ा है। और तुमसे बड़ा जो भी है, उसे तुम नहीं 'बुला' सकते। इसलिए परमात्मा को बुलाने का तो कोई भी उपाय नहीं है। तुम सिर्फ प्रतीक्षा कर सकते हो। प्रतीक्षा ही एकमात्र प्रार्थना है। तुम बैठकर धैर्य रख सकते हो कि जब उसे आना होगा, तब वह आ जायेगा।

नहीं, कोई ऐंचातान नहीं की जा सकती। 'सहज मिलै सो दूध सम, मांगा मिलै सो पानि। कह कबीर वह रक्त सम, जामें ऐंचातानि।'

'सहज मिलै सो दूध सम...।' जो सहज मिल जाये, वही तुम्हें पुष्ट करेगा—इसलिए दूध। जो सहज मिल जाये, वही तुम्हें भरेगा—इसलिए दूध। जो सहज मिल जाये—उससे ही तुम शक्तिशाली होओगे—इसलिए दूध। जो सहज मिल जाये, वही तुम्हारा जीवन बनेगा—इसलिए दूध।

'मांगा मिलै सो पानि...'। और जो मांग के मिले—मांग करनी पड़े, वह तुम्हें पुष्ट नहीं करेगा; वह तुम्हारे जीवन का भोजन नहीं बनेगा; वह तुम्हें जीवन नहीं देगा; वह सिर्फ धोखा होगा। पीओगे तुम पानी और समझोगे कि तुम दूध पी रहे हो। और वह धोखा खतरनाक है।

'कह कबीर वह रक्त सम, जामें ऐंचातानि।' और जो छीन-झपटकर मिले, वह तो रक्त हो गया; वह तो पीने योग्य भी न रहा; वह पानी भी न रहा। और ये तीन ही दशाएं हैं।

क्या परमात्मा से तुम ऐंचातान करके जीवन के सत्य को पा लेना चाहते हो? जैसा कि हठयोगी कर रहे हैं। वह ऐंचातान है। कबीर उसको ऐंचातान कहते हैं—वह जो हठयोगी कर रहे हैं—कांटे पर लेटे हैं, धूप में खड़े हैं, वर्षों से सोये नहीं हैं। वे जबरदस्ती कर रहे हैं। वे छीन-झपट कर रहे हैं। वे यह कह रहे हैं : 'तुझे देना ही पड़ेगा।'

वह ऐसे ही है, जैसे तुम्हारे दरवाजे पर कोई आदमी खड़ा है, और वह कहता है : 'हम हटेंगे न, धूप में खड़े रहेंगे, भूखे खड़े रहेंगे—देना ही पड़ेगा।' तुम घर के भीतर भी चले जाओ, तो भी ऐंचातान मालूम पड़ती है कि वह आदमी खड़ा है। वह चिल्ला रहा है, वह रो रहा है, वह छाती पीट रहा है। तुम खाना भी नहीं खा सकते, विश्राम भी नहीं कर सकते। वह दरवाजे पर खड़ा ही है। उससे जब तक छुटकारा न हो, तब तक तुम शांति से नहीं जी सकते।

हठयोगी परमात्मा के दरवाजे पर यही कह रहा है। वह कह रहा है : 'हम इतना उपद्रव मचायेंगे...।'

मुल्ला नसरुद्दीन एक दिन मसजिद जा रहा था और एक भिखारी ने उससे कहा : 'नसरुद्दीन, मैं बड़ी तकलीफ में हूं। ऐसे मैं भिखारी हूं, मगर अब क्या करूं ! लड़की बड़ी हो गई है, उसकी शादी करनी है। तीस दीनार भी मिल जायें, तो मेरा काम हो जाये। कोई बड़ी भारी शादी भी नहीं करनी है, लेकिन इतना तो लग जायेगा। भिखारी के ही लड़के से करनी है; लेकिन फिर भी थोड़ा बैंड-बाजा—वह तो करना ही पड़ेगा। और मुझे तो एक पैसे से ज्यादा कोई कभी देता नहीं है। बड़ी मुश्किल है। लड़की जवान हो गई है, वह कब तक रुकेगी? और जो मिलता है, वह तो खाने-पीने में खर्च हो जाता है, जुड़ नहीं पाता है। कुछ करो।' नसरुद्दीन ने कहा : 'तू ठहर यहीं।'

और नसरुद्दीन ने मसजिद के सामने जोर-जोर से चिल्लाना-चीखना और लोटना शुरू कर दिया। तो मसजिद में जो भी लोग आये थे—नमाज पढ़ने, वे सब बड़े परेशान हुए। और उन्होंने कहा : 'भई, यह क्या उपद्रव मचा रखा है ! तुम प्रार्थना करने दोगे कि नहीं?' नसरुद्दीन ने कहा : 'तीस दीनार जब तक न मिल जायें...। और वह चिल्लाता ही रहा, चीखता ही रहा। आखिर मौलवी ने कहा : 'भई, इतने लोग हैं—तीन सौ आदमी के करीब आये हैं, थोड़ा-थोड़ा भी पैसा दोगे, तो झंझट मिटे—इस आदमी से। और यह छोड़नेवाला नहीं है। और अगर यह रोज आने लगा और अगर इसकी आदत हो गई और इसे और रस आने लगा, तो हम बहुत झंझट में पड़ जायेंगे।'

तीस दीनार नसरुद्दीन को मिले। उसने उन्हें भिखारी को दिए और भिखा री से कहा : ' यह हठयोग है। ये लोग सहज माननेवाले नहीं हैं। —ऐंचातान !'

परमात्मा के दरवाजे पर कुछ लोग हठयोग कर रहे हैं। कबीर उनके बडे विरोध में

हैं। मिल भी जायेगा—रक्त सम। न; उसमें मजा ही खो गया। जो इतने उपद्रव से मिला, उसमें कोई अर्थ ही न रहा। परमात्मा भी मिल जायेगा, तो जीवन में नृत्य न आयेगा। वह आ भी जायेगा, तो भी समाधि न आ येगी। वह मरा मराया होगा। वह जबरदस्ती, खींचातान की गई है। वह ऐसा ही होगा, जैसे गर्भपात हो जाये।

संन्यासी के जीवन में, साधक के जीवन में भी परमात्मा का गर्भपात हो सकता है। वह ऐंचातान होगी, वह जबरदस्ती होगी। मरी हुई लाश पैदा होगी। देखने को लगेगा कि बच्चा पैदा हुआ है, लेकिन वह मरा हुआ पैदा होगा।

फिर दूसरे वे लोग हैं, जो मांग रहे हैं। प्रार्थना कर रहे हैं, पूजा कर रहे हैं। 'यह दो, वह दो।' वे हठयोगी नहीं हैं—न काटों पर सो रहे हैं, न लोट-पोट कर रहे हैं, न शीर्षासन लगा रहे हैं, उलटे-सीधे काम भी नहीं कर रहे हैं; लेकिन मांग लगाये हुए हैं। मंदिर उनका मांग-गृह है, जहां जाकर वे अपनी सब मांगे पेश कर देते हैं। लिस्ट उनके मन में तैयार है !

प्रार्थना तो सिर्फ स्तुति है, खुशामद है; वह ब्राइबरी है; वह तो तरकीब है। जिस तरकीब को संसार में उन्होंने सीखा है, उसी तरकीब का उपयोग वे परमात्मा के लिए कर रहे हैं। वे कह रहे हैं : 'तू परम है। तू महान है। तू पतित-पावन है, हम पापी हैं।' जैसे कि उस पर वे बड़ी कृपा कर रहे हैं ! कि जैसे आपका बड़ा अनुग्रह है कि आप पापी हैं ! और अब यह उसका कर्तव्य है कि आप पर कृपा करे। और नहीं तो फिर राम, रहीम नहीं; फिर वह रहमान नहीं, फिर वह महा-करुणावान नहीं, फिर वह दो कौड़ी का है। आप एक मौका दे रहे हैं उसको—सिद्ध करने का कि 'तू रहीम है, रहमान है, करुणावान है, तू दयालु है—सिद्ध कर। यह हम पाप करके आ गये हैं, अब तू दया करके सिद्ध कर।' यह एक मांगनेवाला है; भिखारी है।

तुम्हारी प्रार्थना भिखारी की प्रार्थना न हो। क्योंकि मिल भी जायेगा, तो वह पानी होगा; वह तुम्हें पुष्ट न करेगा ; क्षुद्र ही होगा। भिखारी मांग भी क्षुद्र ही करता है।

मांगोगे भी क्या तुम? तुम्हारी क्षुद्रता से ही तुम्हारी मांग आ येगी। कोई धन मांगेगा। कोई मकान मांगेगा। कोई बेटा मांगेगा। कोई अदालत में मुकदमा जीत जाऊं—यह मांगेगा। तुम मांगोगे क्या? और यह मिल भी जायेगा, तो इससे क्या जीवन पुष्ट होनेवाला है? तुम प्रार्थना को भी दो कौड़ी में बेच दोगे।

कहा जाता है कि जीसस को जुदास ने तीस रुपये में बेचा। बड़ी कठिन बा त है। क्योंकि ज्यादा पैसे मिल सकते थे ! जीसस जैसे आदमी को बेचना और—तीस

रुपये? सस्ते में बेच दिया।

सदा से ईसाइयत के सामने सवाल रहा है कि यह बात सच है कि कपोल-कल्पित है। क्योंकि जीसस के तो बहुत पैसे मिल सकते थे !

एक ईसाई साधक मुझसे मिलने आया था और उसने कहा कि 'यह बात समझ में नहीं आती कि जुदास वर्षों तक जीसस के पास रहा—उनके अनुयायियों में एक खास अनुयायी था। और सबसे ज्यादा पढ़ा-लिखा था। बाकी जितने ग्यारह और उनके विशेष अनुयायी थे, सब बेपढ़े-लिखे—गंवा र थे। जुदास ही उनमें सबसे ज्यादा पंडित और कुशल था। और इस आदमी ने सिर्फ तीस रुपये में बेच दिया—तीस चांदी के टुकड़े?'

तो मैंने उनको कहा कि 'यह हम रोज ही कर रहे हैं। वह कहानी तो केवल प्रतीक है। जिस प्रार्थना से परमात्मा मिल सकता है, उसको हम तीस रुपये में बेच रहे हैं !'

मांगनेवाला ज्यादा मांग ही क्या सकता है? उसकी बुद्धि कितनी है? मांग ही क्षुद्रता से उठती है। और फिर जुदास पंडित था। और पंडित-से बुद्धू आदमी धर्म के जगत में खोजना मुश्किल है। क्योंकि वह शब्दों से जी रहा है। वह समझ ही नहीं पाता। उसने तो यही सोचा होगा कि 'तीस रुपये भी मिले, तो काफी मिले। कौन देता है आजकल—आदमी के तीस रुपये !' हम भी वही कर रहे हैं।

जो आदमी मांगता हुआ खड़ा है परमात्मा के द्वार पर, वह पानी पा लेगा; जहां से दूध मिल सकता था, वहां से वह पानी लेकर लौट आयेगा। उसने खुद ही खो दिया अवसर। 'सहज मिलै सो दूध सम, मांगा मिलै सो पानि। कह कबीर वह रक्त सम, जामें ऐंचातानि।'

और ये तीन ही तरह के लोग हैं—उस द्वार पर; एक—जो मांगता नहीं है, जिससे परमात्मा ही पूछता है—जो प्रतीक्षा करता है। और एक—जो मांगता है। वह क्षुद्र को मांग लेता है। जल्दबाजी कर लेता है। और एक—जो उपद्रव मचाता है, अराजकता खड़ी करता है, जो खींचतान करता है।

बस, ये तीन तरह के लोग हैं। तुम इसमें पहले तरह के आदमी बनना। तुम मांगना मत अन्यथा तुम क्षुद्र लेकर वापस लौट आओगे। तुम तीस रुपयों में बेच दोगे जीसस को। जिस प्रार्थना से परमात्मा मिलता है, तुम किसी दफ़्तर में—उसी प्रार्थना से—क्लर्क हो जाओगे। जिस परमात्मा से आत्मा भर जाती है, तुम अपने पेट को भर लोगे—जो कि फिर खाली हो जायेगा।

www.ingramcontent.com/pod-product-compliance
Ingram Content Group UK Ltd.
Pitfield, Milton Keynes, MK11 3LW, UK
UKHW042056021026
15589UKWH00001B/2

9 798128 802132